# 邪馬台国は宮崎市にあった！

論争に終止符を打つ新証拠

土田章夫
Akio Tsuchida

ビジネス社

# まえがき

私は魏志倭人伝《ギシワジンデン》、およびそこに記載されている邪馬台国《ヤマタイコク》、またその女王である卑弥呼《ヒミコ》には強い興味を持っている。

邪馬台国をめぐってさまざまな議論がされてきた。しかし、いまだにその場所は特定されていない。

ところで、考古学は科学の一分野である。したがって、科学的証拠に基づいて議論されなければならない。邪馬台国についても、科学的に解明されなければならないと考えている。現代科学の発達は目覚ましいものがあり、それを考古学にも応用し、いろいろな成果をあげている。科学技術の新しい手法が次々に開発されており、特に考古学で利用されているのは放射性炭素年代測定法・遺伝子解析・金属の精密成分分析等である。これらにより遺跡の正確な年代・人の移動・動植物の移動・金属遺物の産地の特定等が解明されるようになった。本書で紹介する今回の調査で、これらの科学的手法に基づき、考古学的新発見を通して邪馬台国の実像に迫ることができた。

一方で、インターネットという情報技術の発展により、以前では膨大な手間と時間がかかる作業が非常に簡単に行えるようになった。地理的測量も公開サイトで簡単に行うことができる。また学術論文も発掘調査報告書も公開されており、簡単に入手できるようになった。今回の発見は、このようなインターネット技術の発展によるところが大きい。この技術を利用して、今回の調査で特定した場所であれば、魏志倭人伝に記載されている邪馬台国のすべての条件に合致することが証明できた。今までは魏志倭人伝の誤記とされてきたことも、今回の発見ではその記載が非常に正確であることがわかった。

筆者は魏志倭人伝を初めて読んだ時から、邪馬台国が九州にあったと考えている。言い換えると、魏志倭人伝を素直に読むと、邪馬台国の場所は九州に行き着く。またその時、現在の対馬が魏志倭人伝にも同じ漢字で「対馬」と表記されていることを不思議に感じたことをはっきりと覚えている。

邪馬台国の場所が特定されると、いろいろなことが付随してわかってくる。その一つとして、邪馬台国の国家戦略が容易に推測されるようになることである。邪馬台国の軍事的また経済的な優位性が手に取るようにわかってくる。経済面において、現代日本と邪馬台国の国家戦略が驚くほど似ていることにも気付いた。日本国の原点は邪馬台国にあったといえる。

もう一つわかった点とは、当時の日本の様子を記載した歴史書である古事記・日本書紀は、歴史的事実を記載していると考えられることである。これまでは魏志倭人伝の記載と古事記・日本書紀の記載を比較する根拠がなかった。しかし邪馬台国の場所が特定されると、これらは同一事象を記載していると考えられる。古事記・日本書紀は神話ではなく、歴史的事実を反映した歴史書であることを魏志倭人伝が裏付けている。

本書は初めて科学的考古学的証拠により邪馬台国の場所を特定できたと考えている。また多くの人に納得し支持していただける説だと思っている。もちろん異論も批判もあると思う。今後の研究ならびに発掘によって、この説が証明されることを期待する。

# 邪馬台国は宮崎市にあった！

論争に終止符を打つ新証拠

＊

目次

## 第三章　邪馬台国への行程を検証する

## 第四章　邪馬台国の条件

## 第五章　邪馬台国の範囲



## 第六章　古事記・日本書紀と魏志倭人伝を比較する

## 第七章　邪馬台国の国家戦略

## 終章　まとめ

# 第一章
# 邪馬台国の場所を特定した

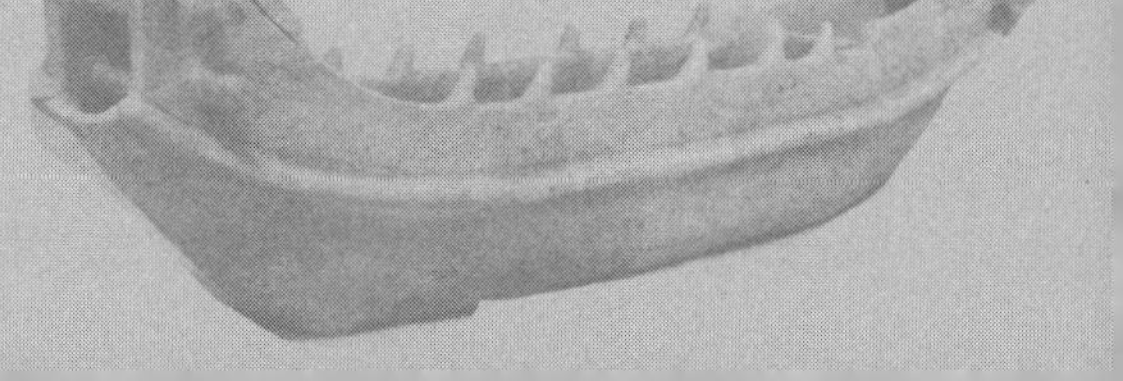

## 科学的手法——地名考古学

魏は三世紀に中国に存在した国である。その正史である魏志倭人伝には、邪馬台国が三世紀の日本に存在したと明記されている。しかし、邪馬台国の場所についてはさまざまな議論がされているが、その場所はいまだに特定されていない。場所についての説は、大きく九州説と近畿説に分かれているが、どちらの説も決め手がないのが現状である。邪馬台国の場所が特定されないということは、三世紀当時の日本の状況が分からないことになり、さらに、その後の大和政権の成立過程も検証できないことになる。

近年の科学ならびに考古学の発展は目覚ましいものがある。新しい科学技術を考古学に応用してさまざまなことが研究されているが、これまでの研究成果や考古学的な発掘資料からだけでは、邪馬台国の場所を特定できていない。今回、筆者は魏志倭人伝等の文献資料に邪馬台国の場所を特定する直接的な証拠を発見した。

特定の基礎になったのは考古学的発掘ではなく、地名考古学という方法を用いた。古くから存在していると考えられる資料、すなわち現代に残されている地名という資料は、考古学的に見て第一級の史料である。このような考えから、今回、魏志倭人伝に記載されている人名と現在まで残されている地名を比較した。地名は非常に貴重な文化遺産であり、古い時代を考察することができる史料でもある。地名の由来が伝承されていることもあるが、後世に理由をこじつけたような場合が多く見受けられ、実際はもっと古い時代からの伝承と考えられる場合がある。

今回の調査では、地名と人名の比較検証という科学的手法で行った。地名は原則としてその地に留まり、一旦名付けられると長く伝承される。地名が人名に、また反対に人名が地名として残ることは全国で多く見受けられる。今回はこのような名称を調べるために、インターネット検索を活用した。

なお、魏志倭人伝に記載されている地名・人名の読み方については、『卑弥呼は日本語を話したか』（安本美典、ＰＨＰ研究所）に準拠した。魏志倭人伝の現代語訳は『新訂　魏志倭人伝・後漢書倭伝　宋書倭国伝・隋書倭国伝　中国正史日本伝(1)』（石原道博編訳、岩波文庫）を参考にした。

# 地名に残る邪馬台国高官の名前

三世紀前半、日本に邪馬台国という国があり、卑弥呼という女王がいた。邪馬台国は三世紀以降も連綿と続き、一八〇〇年後の二一世紀の現在、大都市として現存している。また邪馬台国の遺跡はその大都市の下に埋まっていると筆者は考えている。その大都市とは、南九州に位置する宮崎県の県庁所在地、宮崎市そのものである。同市には四〇万の人々が住んでいる。今回、邪馬台国が宮崎市にあったことを示す証拠を、魏志倭人伝と日本に残る地名から科学的な手法により発見した。

筆者は以前から魏志倭人伝に記載のある投馬国《トマコク》の高官、弥弥《ミミ》は宮崎県の北部、日向市の美々津《ミミツ》と関連があるのではないかと漠然と考えていた。美々津は神武天皇が東遷《とうせん》の時、船出したとの伝承が残っている。また邪馬台国の最高位の高官、伊支馬《イキマ》は宮崎市の有名な生目《イキメ》古墳群と名前が似ているとの指摘されていることも知識としてあった。これらのことから、魏志倭人伝に記載のある人名が地名に残っているのではないかと仮説を立てた。調査はまず、邪馬台国関連の名前が宮崎市の地名に残っているかを調べてみるところから始めた。

魏志倭人伝には邪馬台国に関係する一二名の人名が記載されている。卑弥呼という女王がいたことは記載があるが、その卑弥呼の死後に即位した男王については、名前の記載はない。男王が即位したのちに国は乱れ、その後、一三歳にして台与《トヨ》という女王が即位する。魏志倭人伝には卑弥呼と台与を除いて、一〇名の高官が登場する。

**邪馬台国の登場人物の名前の一覧**

卑弥呼　ヒミコ
台与　トヨ
伊支馬　イキマ
弥馬升　ミマト
弥馬獲支　ミマワキ
奴佳鞮　ナカテ
難升米　ナシメ
都市牛利　トシゴリ
伊声耆　イシギ
掖邪狗　ヤヤコ

載斯　　サシ
烏越　　アオ
なお、以降では読みやすいように、人名・地名はカタカナで表記する場合がある。

## 人名と地名との比較

### 伊支馬（イキマ）

イキマは邪馬台国で最高位の高官である。「邪馬台国に至る、女王の都する所」という記載の後に「官にイキマあり」と登場する。この名前は宮崎市生目《イキメ》という地名とよく似ている。

正確には、魏志倭人伝に記載されている人名が地名になったわけではない。邪馬台国の人名が魏志倭人伝に記載されているのである。地名が人名になること、あるいは人名が地名になることはよく知られている。この事実をもとに、邪馬台国の人名イコール邪馬台国の地名として、邪馬台国にいたとされる人物の名前が、魏志倭人伝において記載されたかを検証する。

イキメとイキマはメとマの違いである。メとマは同じマ行であり、地名（人名）イキメがイキマと表記されていると考えられる。したがって、イキメ↓イキマと変化したと考えられる。

生目神社（筆者撮影）

　生目は宮崎神宮から大淀川方面に南西約五キロメートルに位置している。生目の北約二キロメートル、宮崎神宮の西約三キロメートルには、考古学上、注目度の高い生目古墳群が広がる。また生目の中心の少し小高い場所に生目神社がある。現在も、文字から連想して、眼病に効くとのご利益を求めて参拝者も多い。イキマはこの生目神社のあたりに居を構えていたのではないかと考えられる。生目古墳群は現在、宮崎市の生目古墳群史跡公園となっている。生目という不思議な地名は全国で宮崎市と大分県別府市の二都市にしか存在しない。もしイキマが生目であるなら、魏志倭人伝にある他の高官の名前も宮崎市に残っていると仮定でき、順に調査した。

## 弥馬升（ミマト）

ミマトはイキマに次ぐ高官として登場する。このミマトに近い地名を宮崎市内に探した。すると港《ミナト》という地名が見つかる。ミナトとミマトではナとマの一字が違う。ナとマは母音がaで同じである。このことは、ミナトがミマトと記載されたと考えられ、ミナト↓ミマトと変化した可能性が高い。

港は宮崎神宮から南東へ約五キロメートルの大淀川河口北岸に位置している文字通りの港で、現在は重要港湾である宮崎港が整備されている。この港という地名がある大淀川河口は江戸時代に赤江港という港があった。赤江という地名は大淀川を挟んだ南側の対岸に残っている。港または湊という地名は日本各地に見られる。

一八〇〇年前の邪馬台国時代に、ここが陸地であったかを検証する必要がある。当時の資料がないので正確な検証は不可能であるが、一つの傍証がある。すぐ隣接して小戸《オド》という地名がある。この地名は日本書紀に記載されている地名で、古事記では「小門」と記載されている。河口の土地であるが、古事記・日本書紀が成立した八世紀あるいはそれ以前に、ここが陸地であったことがわかる。

### 弥馬獲支（ミマワキ）

邪馬台国第三位の高官として登場する。この名前は宮脇《ミヤワキ》を連想させる。宮崎市内には宮脇町がある。地名（人名）ミヤワキがミマワキと記載されたかを検証すると、ヤとマの違いである。また、ヤとマは母音がaで同じである。このことは、ミヤワキがミマワキと記載された可能性を支持する。

宮脇町は宮崎神宮から南東約四キロメートルに位置し、宮崎市内中心部に存在する町名である。宮脇という地名は宮の脇すなわち宮殿の隣を意味する。

### 奴佳鞮（ナカテ）

ナカテはミマワキに次いで魏志倭人伝に登場する第四位の高官である。宮崎神宮の近くに中《ナカ》津瀬《ツセ》町という地名がある。この地名（人名）ナカツセがナカテと記載されたかを検証する。ナカは同じであるが、テとツセが異なっている。これらをローマ字で表記すると、ナカツセはNAKATUSEとなり、ナカテはNAKATEとなる。NAKATUSEからUSを除くとNAKATEとなる。すなわちナカツセを縮めるとナカテとなる。ナカツセ↓ナカテと変化して記載された可能性は高い。

中津瀬町は宮崎神宮から南約二キロメートルにあり、宮崎神宮から比較的近い場所に位置している。中津瀬神社という神社名は全国に何社か存在しているが、筆者が調べた限りでは中津瀬という地名は宮崎市以外には見当たらなかった。

## 難升米（ナシメ）

ナシメは魏志倭人伝のなかで一番活躍する人物である。そのナシメという名前に似た地名を探したが、検索しても出てこない。しかしよく見ると新名爪《ニイナヅメ》という地名がある。新《ニイ》は文字通り新しいという意味の接頭語と解釈できる。地名（人名）ナヅメがナシメと記載されたかを検証すると、ヅがシへ変化しているだけなので、記載された可能性が高いといえる。

新名爪は宮崎神宮の北約五キロメートルにあり、現在の国道一〇号線と国道二一九号線が分かれる交通の要所に位置する。現在の国道は古代の道がそのまま受け継がれている可能性があるので、一八〇〇年前の邪馬台国の時代も同じ道が使われていたと考えられる。

宮崎神宮から北へ進み新名爪で右に分かれ、国道一〇号線を行くと日向市へつながる。また左の国道二一九号線を行くと西都市へつながる。このことは、新名爪が防衛上の最重要拠点でもあり、また交易の最重要拠点でもあったことがわかる。

ナシメは卑弥呼の遣いとして魏に派遣され、魏の都である洛陽まで行き、皇帝に謁見して「率善中郎将」の称号と青い紐の付いた銀の印綬を授かっている。これから見るとナシメは武官・軍人であり、軍事と外交を担っていたと考えられる。また新という接頭語が付いていることから、他の場所からこの地へ移ってきたとも考えられる。

## 都市牛利（トシゴリ）

宮崎市の中には、それらしき地名は見当たらない。範囲を広げて周辺の地名を探してみると、隣の西都市の地名の中に都於郡《トノコオリ》という地名を発見した。

地名（人名）トノコオリがトシゴリと記載されたかを検証する。トノコオリ↓トノコリ↓トノゴリ↓トシゴリと変化して記載された可能性が高い。また両方に「都」という漢字が入っている。

魏志倭人伝に初めに出て来る国に対馬国がある。これは現在でも同じ漢字が使われ、対馬となっている（『三国志』『紹興本』には「対馬国」と記載されているが、『紹熙本』には「對海国」と記載されている）。当時の邪馬台国の高官たちはある程度、漢字に対する知識があったと推測する。そのために同じ漢字「都」が使われ、都於郡と表記されているのではないかと考える。

都於郡は宮崎神宮から北西約一三キロメートルにある。新名爪から国道二一九号線を北西へ九キロメートル進み、そこから西へ約三キロメートルに位置する。トシゴリはナシメと同時に登場する。両者は共に魏の都・洛陽まで行っており、その時ナシメと魏の皇帝に謁見して皇帝より「率善校尉」の称号と青い紐の付いた銀の印綬を賜っている。トシゴリも武官・軍人であった。トノコオリは隣国、投馬国との境に位置する。

魏志倭人伝に都市牛利という名前は合計四回出てくるが、都市牛利という表記としては一回しか出てこない。後の三回は牛利として省略された形で出てくる。この理由はわからないが、本書では都市牛利という名前で検証した。郡という苗字は存在している。また郡が付く地名、例えば郡山・小郡等は全国に見られる。郡という人名・地名は珍しいものではないが、筆者が調べたところでは都於郡という地名はここ宮崎県西都市にしか存在しない。

## 伊声耆（イシギ）

検索すると宮崎市佐土原町石崎《イシザキ》という地名と石崎川という河川がすぐ見つかる。地名（人名）

石崎川（筆者撮影）

イシザキがイシギと記載されたかを検証すると、ザが抜けてキが濁音のギになっている。

石崎は宮崎神宮から北へ約一〇キロメートルに位置している。宮崎神宮から国道一〇号線に沿って北へ行くと、五キロメートルで新名爪に着く。そこから国道一〇号線をさらに五キロメートル進むと石崎に着く。ここも交通の要所にあたる。石崎のすぐ近くを石崎川が流れている。石崎川は現在川幅二〇〇メートルくらいで水量は豊富である。この場所は隣国投馬国との国境に近く、イシギは邪馬台国の北東国境警備にあたっていたと考えられる。イシギは高官、掖邪狗《ヤヤコ》と共に魏に派遣されており、魏の皇帝から「率善中郎将」の称号と印授を賜っていることから、やはり武官・軍人であったと考える。イシギの名前は石崎として地名ならびに河川の名前として残っていることになる。

### 掖邪狗（ヤヤコ）

宮崎市の地名を丹念に調べると、大塚町の中に八所《ヤトコロ》という地名がある。地名（人名）ヤトコロがヤトコロ↓ヤトコ↓ヤヤコと変化した。ヤヤコがヤトコロと変化するのは難しいが、ヤトコロがヤヤコに変化して記載されたことは十分考えられる。

大塚町八所は宮崎神宮から南西約四キロメートルに位置し、生目のすぐ東に位置する。ヤヤコはイシギとともに魏に派遣され、やはり率善中郎将の称号と印授を賜っていることから、武官・軍人であったと考えられる。ヤヤコは次の女王、台与《トヨ》の時代にも魏の都洛陽に派遣されている。全国には八所《ハッショ》神社があるが、ヤトコロ神社は見つけられなかった。ヤトコロは神に関連した名前と考えられる。筆者の調べた限りでは八所と書いてヤトコロと読む地名は他に見つけることはできなかった。

青島神社（筆者撮影）

**載斯（サシ）**

サシは曽師《ソシ》町が比定される。サトシの違いで、子音がサ行で同じである。宮崎神宮の南四キロメートルまた宮脇町から南東三〇〇メートルにある。魏志倭人伝では女王、卑弥呼と狗奴《クナ》国の男王、卑弥弓呼《ヒミココ》とは以前から不和であったため、載斯・烏越《アオ》を（帯方）郡に派遣し状況を説明したとある。全国には祖師谷などの地名はあるが筆者の調べた限りでは曽師という地名は宮崎市以外には存在しない。載斯はソシとも読むことができ、この場合は完全に一致する。

**烏越（アオ）**

宮崎市でアオといえばすぐに青島が思いつ

く。地名（人名）アオがそのまま魏志倭人伝に記載されている。現在青島は有名な観光スポットとなっている。宮崎神宮から南約一六キロメートルに位置する。

青島は奇岩「鬼の洗濯板」が島を囲む、周囲一・五キロメートルほどの小さな島で、対岸とは橋でつながっている。対岸も青島という地名である。青島そのものは居住に適さないのでアオは対岸に居を構えていたと考えられる。アオも（帯方）郡に派遣されている。島の中央には青島神社がある。

## 卑弥呼《ヒミコ》と台与《トヨ》

ヒミコとトヨの名前は宮崎市の地名に見いだせなかった。

これらをまとめたのが次の表である。

| 〈邪馬台国高官の名前〉 | | 〈宮崎市の地名〉 | |
| --- | --- | --- | --- |
| 伊支馬 | イキマ | 生目 | イキメ |
| 弥馬升 | ミマト | 港 | ミナト |
| 弥馬獲支 | ミマワキ | 宮脇町 | ミヤワキ |

| | | | |
|---|---|---|---|
| 奴佳鞮 | ナカテ | 中津瀬町 | ナカツセ |
| 難升米 | ナシメ | 新名爪 | （ニイ）ナヅメ |
| 都市牛利 | トシゴリ | 西都市都於郡町 | トノコオリ |
| 伊声耆 | イシギ | 佐土原町石崎 | イシザキ |
| 掖邪狗 | ヤヤコ | 大塚町八所 | ヤトコロ |
| 載斯 | サシ | 曽師町 | ソシ |
| 烏越 | アオ | 青島 | アオ（シマ） |

魏志倭人伝に記載されている邪馬台国高官一〇名の名前すべてが宮崎市内の地名（九名）と宮崎市に隣接する西都市の地名（一名）に残っている。

## 宮崎市に大和町がある

もう一つ重要なことがある。それは宮崎市に大和町があることである。大和町は宮崎神宮の南東四キロメートルに位置している。曽師町のすぐ北側にあたる。邪馬台国は一般に「ヤマタイコク」と読まれている。しかし本来は漢字の表記が間違っており、ヤマトと読むべきではないか、またそのままヤマトと読むとする説もある。大和町が宮崎市中心部に位置していることは邪馬台国の場所を特定する条件の一つとして重要である。大和町という地名が残っていることは、宮崎市に邪馬台国が存在した可能性が高くなる。そして邪馬台国は後の大和政権につながった可能性がある。

## 天照大神は宮崎市で生まれた――宮崎の地名の年代耐性

宮崎の地名の年代耐性について考察する。地名の年代耐性とは、年代を経ても地名が残っていることをいう。今回比定した地名が当時から存在していたことを証明することは不可能である。というのも、邪馬台国時代の日本の地名を記した文献が存在しない。しかしながら少し時代は下るが、八世紀に成立した日本の古事記・日本書紀に宮崎の地名に関する記載がある。天《ア》照《マテラスオオミカミ》大神は高天原《タカマガハラ》に住んでいたとされているが、その生誕地が宮崎市内にある。天照大神の生誕地は古事記では「竺紫《ツクシ》の日向《ヒムカ》の橘の小門《オド》の阿波岐原《アワキガハラ》」、日本書紀では「筑紫《ツクシ》の日向の小戸の橘の檍原《アワキハラ》」と明記されている。

古事記では、伊邪那岐命《イザナギノミコト》は黄泉《ヨミ》の国から戻り阿波岐原で穢《けが》れを落とすために禊《みそぎ》を行った。禊の際にさまざまな神が生まれ、最後に天照大神・月讀尊《ツクヨミノミコト》・須佐之男命《スサノオノミコト》の三神が生まれた。筑紫は九州北部のことであり、日向は宮崎のことを指す。日向市として地名も残っている。その宮崎市の地名には橘（橘通東、橘通西）・小戸・阿波岐原が残っている。これらの地には現在も人が住んでいる。

またこれは宮崎市の地名が年代耐性を持っており、一三〇〇年以前の地名が現代に残っていることの一例である。魏志倭人伝に登場する人名が地名として残っている可能性を示す一つの傍証でもある。天照大神の生誕地、阿波岐原は現在宮崎県が管理する宮崎市民の森公園の中にあり、美しい大きな池「みそぎ池」として現存する。日本の最高神が誕生した非常に神聖な場所であり、筆者は日本最強のパワースポットと考えている。

天照大神が阿波岐原で誕生した場面は全国津々浦々の神社でお祓いの際に神職が朗誦する祝《のり》詞《と》に描かれている。これも古くからの宮崎の地名が残っていることの一例となる。

宮崎市道路標識　橘通（筆者撮影）

みそぎ池（筆者撮影）

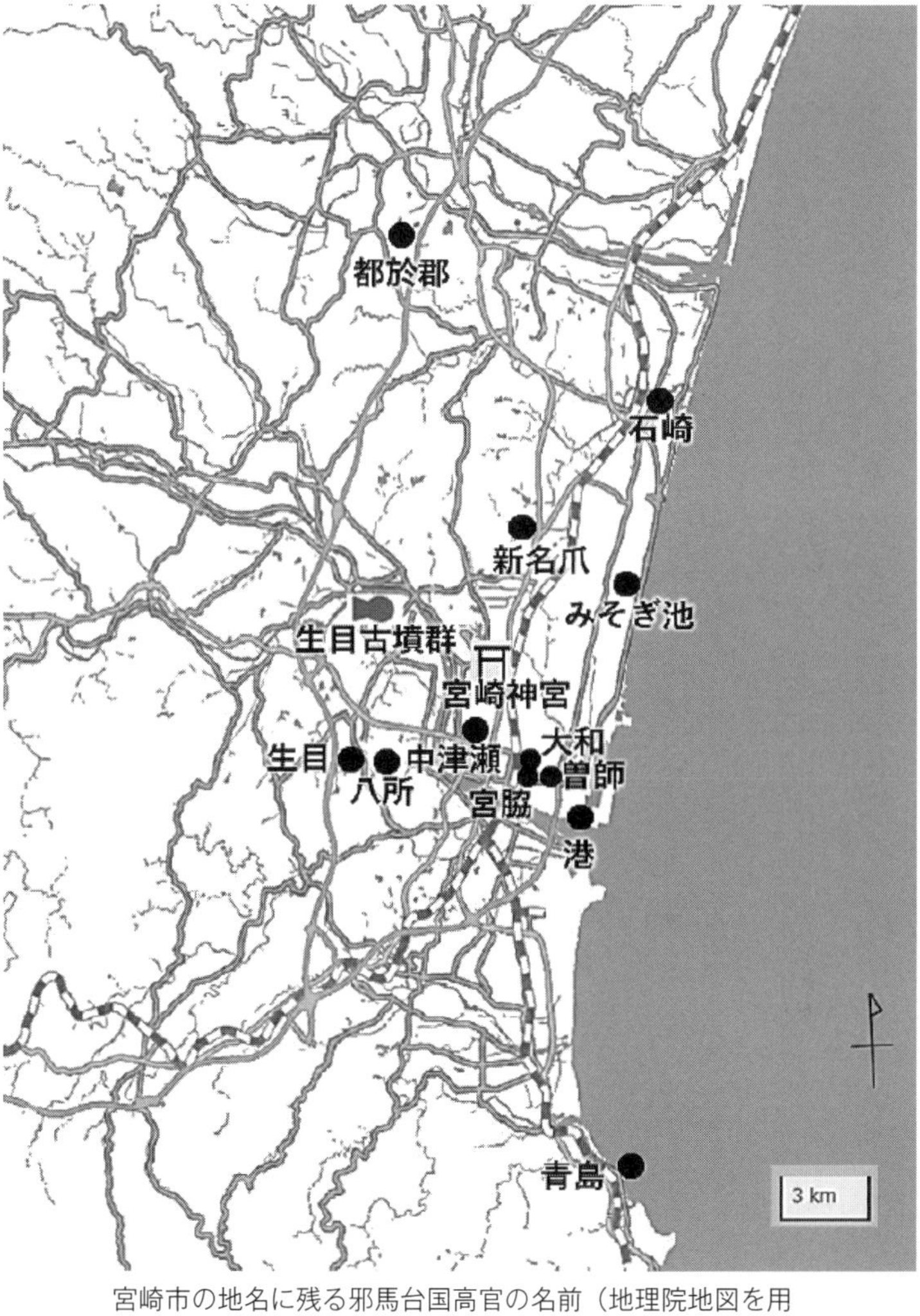


宮崎市の地名に残る邪馬台国高官の名前（地理院地図を用いて筆者作成）

## 宮崎市以外の都市で一〇名の名前がそろう都市はない

北海道を除く全国のすべての市町村（東京二三区を含む）を筆者が網羅的に調べた限りでは、邪馬台国高官の名前が一〇名とも地名に残っているのは宮崎市（一名は西都市）だけであった。

高官名と地名が一致するかは次の基準で行った。

・レーベンシュタイン距離の標準化の値が〇・五以下（この章の後節参照）

・最初の文字が同じか最初の文字の子音が同じ

方法はヤフー地図で全国すべての市町村に属する地名を調べた。都府県名をクリックするとその都府県の全市町村が表示される。それを一つ一つクリックすると市町村に属する行政上のすべての地名が表示される。その中に邪馬台国の高官に類似した地名があるかの検索を行った。

## 考察――邪馬台国は宮崎市にあった

今回用いた人名と地名を比較する手法は科学的手法である。地名が人名になっていることはよく知られている。名前の由来が地名であることは多い。また地名は年代耐性が強く、古い地名が残っている場合が多い。また人名が地名になることもよく知られている。

魏志倭人伝には邪馬台国の高官として一〇名の名前が登場する。その高官一〇人の名前がすべて宮崎市とその周辺に残っている。正確には宮崎市に九名、隣接する西都市に一名残っている。これは単なる偶然だろうか。一八〇〇年前のことを記した中国の正史に残る当時の倭人の名前が、現在の大都市の地名に残っているのである。一〇名のうち数名が地名に残っているのであれば単なる偶然といえるかもしれないが、一〇名中一〇名の名前が宮崎市内とその近郊の地名に残っているのは偶然とは考えられない。

これは当時の高官の屋敷・館があった場所に当時の人名がついていて、その後地名となり現在に残っていると考えるのが合理的である。

邪馬台国高官の一〇名の名前が現在の宮崎市とその周辺に残っているという客観的事実は、邪馬台国が宮崎市にあったことを示す科学的かつ考古学的証拠である。これは邪馬台国研究上の大発見である。

宮崎市以外で一〇名の名前がそろう市町村はないという事実も、邪馬台国が宮崎市に存在したことを強く支持している。また宮崎市中心部に大和町という地名が存在することも重要である。つまり邪馬台国が宮崎市にあったことを補強する。邪馬台国の遺跡は現在の大都市宮崎市の地下に埋まっている。

問題点は、現代の地名が邪馬台国の時代に存在していたことを示す資料が存在しないので、完全な証拠とはなっていないという点である。また今回使用した魏志倭人伝の人名の読み方が正しいかの検証が必要と考えている。

## 地名に残るその他の登場人物

魏志倭人伝に記載のある他の登場人物の名前が地名に残っているかを調べてみた。魏志倭人伝には卑弥呼・台与・邪馬台国の高官一〇名以外に、他の国々の官・王の名前が記されている。

**対馬国――卑狗《ヒコ》・卑奴母離《ヒナモリ》**

対馬国には二名の人物が登場する。大官をヒコ、副がヒナモリとなっている。対馬国は現在の対馬に比定されている。対馬にはヒコ・ヒナモリに比定される地名は見いだせなかった。

宮崎県南部霧島連山の中に、夷守岳《ヒナモリダケ》という山がある。標高一三四四メートルの火山で、現在は宮崎県小林市に属する。夷守は小林盆地の中の古い地名である。夷守岳は宮崎市の西約四五

夷守岳（小林市）（筆者撮影）

キロメートルに位置する。夷守岳の麓《ふもと》に住んでいたヒナモリ一族は邪馬台国の一員であり、九州北部の各国へ派遣され、そこで副官を務めていたのではないかと考える。

**一大国――卑狗・卑奴母離**

一大国は壱岐に比定されている。一大国には二名の人物が登場する。官をヒコ、副がヒナモリとなっている。これは全く対馬国と同じである。壱岐にはこれらの名前に比定できる地名が見いだせなかった。

**伊都国――爾支《ニキ》・泄謨觚《シマコ》・柄渠觚《ヒココ》**

伊都国は現在の福岡県糸島半島にあったと比定されている。現在は糸島市となっている。

糸島市は二〇一〇年志摩《シマ》町・二丈《ニジョウ》町・前原《マエバル》市の三市町が合併したものである。伊都国には官としてニキ、副としてシマコならびにヒココがいたと記されている。シマコは志摩町として地名に残っている。ヤフーの地図検索ではニキとヒココは見いだせなかった。しかし糸島市のホームページ観光案内の中に幣《ニギ》の浜という地名を見つけた。ニキという名前が幣の浜として地名に残っている。この浜は玄界灘に臨む六キロメートルの砂浜で、糸島市の観光スポットの一つとなっている。なお「幣」とは神社で用いる神に捧げる紙で作った飾り物である。この浜の真北七〇キロメートル沖の玄界灘に沖ノ島がある。ここでは沖ノ島への遥拝《ようはい》の祭祀が行われていた可能性がある。

ヒココは彦山という山に名前が残っている。幣の浜の東端にある小山で標高は二三二メートルとある。彦山の近くには日子神社があり、また糸島市の中心部には彦山神社もある。

伊都国には記載されている三種類の高官の名前がすべて残っていることになる。これは伊都国が糸島市にあったことを裏付ける科学的な証拠といえる。

## 奴国《ナコク》――兕馬觚《シマコ》・卑奴母離

奴国は現在の福岡市博多に比定されている。後漢の光武帝が西暦五七年に授けた「漢委奴國

「幣」

伊都国　　糸島半島

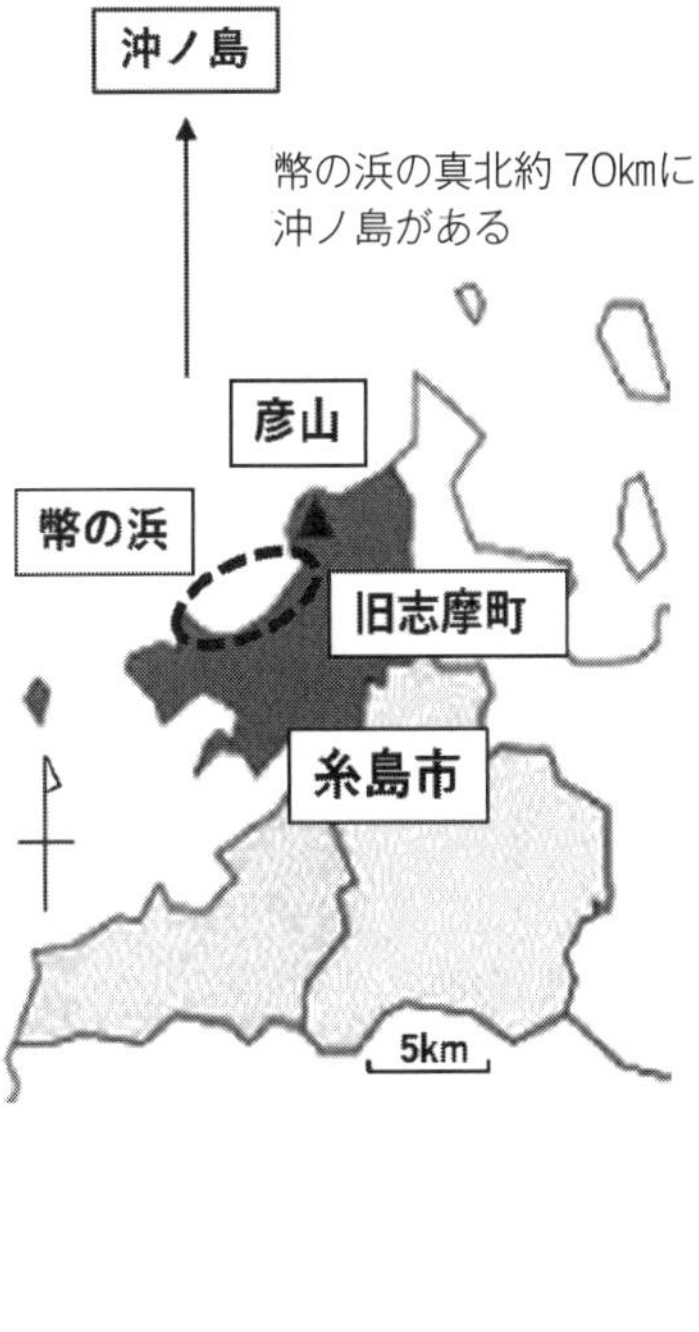

王」の金印が出土した志賀島は、博多湾の北に位置する。奴国には官としてシマコ、副としてヒナモリの二名が記されている。シマコに比定できる地名は博多付近には見いだせなかった。しかしシマコは、漢字表記が違うが、前述の伊都国にも登場する。地理的に近いことから奴国と伊都国のシマコは同じ一族である。

ウィキペディアには「ヒナモリ」として「奴国が位置した筑前国には、糟屋《カスヤ》郡に『夷守駅《ヒナモリ》』(『和名抄』)があり、現在は日守《ヒモリ》神社が建っており、卑奴母離が駐在したところと考えられる。原文　原田大六氏著『邪馬台国論争』」とある。ヒナモリは粕谷町に日守神社として名前が残っている。粕谷町は福岡市に隣接している。

## 不弥国《フミコク》──多模《タマ》・卑奴母離

不弥国は福岡県宇美町に比定する研究者が多い。しかし筆者は不弥国を福岡県福津市と宗像《ムナカタ》市に比定した（詳細は第三章）。ここには官であるタマと副であるヒナモリの二名が登場する。タマに比定できる地名は宗像市の地名の中に田久・田野・多禮《タレ》の三か所ある。どれが比定地に当たるかを選定するのは難しいが、多禮が宗像大社に一番近いこと、また「多」という漢字が共通していることから、比定地を多禮とした。ヒナモリという地名は福津市・宗像市にはなかった。宇美町にもタマ・ヒナモリに比定できる地名はなかった。

### 投馬国《トマコク》──弥弥《ミミ》・弥弥那利《ミミナリ》

投馬国の場所については、大分県南部から南へ宮崎県の北半分で西都市付近までと考えている。投馬国をツマコクと読み西都市妻《ツマ》に比定する研究者もいる。ミミ・ミミナリは宮崎県日向市に美々津という地名と耳川という川があり、地名として残っている。

### 狗奴国《クナコク》──卑弥弓呼《ヒミココ》・狗古智卑狗《ククチヒク》

狗奴国は肥後国球磨郡すなわち現在の熊本県と比定する。中心は現在の熊本市と考える。比定した理由は第五章で述べる。狗奴国にはヒミココという王がいて、官としてクコチヒクが記されている。ヒミココは熊本県の地名には見いだせなかった。クコチヒクは菊池彦《キクチヒコ》を連想させる。熊本県には菊池市がある。菊池市と山鹿市の間に鞠智城《ククチジョウ》という古代山城がある。七世紀ごろの山城で、現在国指定の史跡「鞠智城跡」に指定されている。菊池はこの鞠智から派生したと考えられている。クコチヒクを鞠智・菊池に比定する。

| 〈魏志倭人伝に登場する人名〉 | | 〈地名〉 | |
|---|---|---|---|
| 卑狗・柄渠觚 | ヒコ・ヒココ | 福岡県糸島市志摩野北　彦山 | ヒコ |
| 卑奴母離 | ヒナモリ | 福岡県粕屋町　日守神社 | ヒモリ |
| 爾支 | ニキ | 福岡県糸島市志摩芥屋　幣の浜 | ニギ |
| 泄謨觚・兕馬觚 | シマコ・シマコ | 福岡県糸島市志摩町 | シマ |
| 多模 | タマ | 福岡県宗像市多禮 | タレ |
| 弥弥・弥弥那利 | ミミ・ミミナリ | 宮崎県日向市美々津・耳川 | ミミ |
| 狗古智卑狗 | ククチヒク | 熊本県山鹿市鞠智城・菊池市 | ククチ・キクチ |
| 卑弥弓呼 | ヒミココ | なし | |

## 魏志倭人伝に記載されている高官の名前がすべて地名として残る

邪馬台国以外で出てきた八種類の名前のうち、狗奴国の王である卑弥弓呼を除いた七種類の人名が地名として残っていることになる。邪馬台国と合わせると二〇種類の人名のうち王・女王である、卑弥呼・台与・卑弥弓呼を除く一七種類の高官の名前すべてが地名として残ることになる。これは驚愕的な客観的事実である。またこのことによって邪馬台国の高官一〇名全員の名前が宮崎市の地名に残っていることは単なる偶然でないといえる。

## 科学的検証――レーベンシュタイン距離（編集距離）

人名と地名を比較して類似性を論ずるのは主観である。ここでは科学的な方法を用いて検証を試みる。その方法はレーベンシュタイン距離（編集距離）とその標準化を用いることにした。

レーベンシュタイン距離は二つの単語がどれくらい似ているかを表す量である。ある単語から別の単語へ「編集」を最低何回行うかを計測する。

「編集」とは

・一字挿入
・一字削除
・一字置換

のいずれかの操作を行うこととする。

わかりやすいように例を示そう。「ヤマタイコク」と「ヤマダクン」のレーベンシュタイン距離（編集距離）を計測する。「ヤマタイコク」の「タ」を「ダ」に置換する。「編集」一回、次に「イ」を削除する。「編集」計二回、次に「コ」を削除する。「編集」計三回、次に「ン」を挿入する。「編集」計四回。従って編集を四回行うと「ヤマタイコク」から「ヤマダクン」になる。

三回の編集ではならない。また「ヤマダクン」から「ヤマタイコク」へ編集を行っても四回行うこととなり結果は同じになる。このように四回編集を行った場合、レーベンシュタイン距離（編集距離）を四と計測する。ただし本書では清音と濁音の違いの場合〇・五回の「編集」として計測することにする。従って「ヤマタイコク」と「ヤマダクン」のレーベンシュタイン距離（編集距離）は三・五とする。

レーベンシュタイン距離だけでは類似度を比較することができない。そのために標準化という作業を行う。編集回数は文字の長さに依存しない。レーベンシュタイン距離が同じ一でも三文字中の一と一〇文字中の一では一〇文字の中の一の方が類似点が多い。例えばA「アカ」・B「シロ」のレーベンシュタイン距離は二となる。C「ヤマタイコク」・D「ヤマトコク」のレーベンシュタイン距離は三となる。

AとBは全く違うもので、CとDは類似性があるが、レーベンシュタイン距離では前者の方の値が低くなる。これはA・Bの文字数が少なく、C・Dの文字数が多いのが原因となっている。

文字数による違いを補正するために、大きな方の文字数でレーベンシュタイン距離を割ることでレーベンシュタイン距離の標準化を行う。レーベンシュタイン距離の標準化の値は、〇から一までの間になる。〇は全く同一を意味する。一は文字列がすべて異なることを意味する。標準化の値が〇に近い方の類似度が高い。

次の作業でレーベンシュタイン距離ならびにレーベンシュタイン距離の標準化の値を計測した。

・人名・地名をカタカナで表記する。
・清音と濁音は〇・五回の「編集」として計測する。
・接頭語・接尾語は外して考える。すなわち新名爪の新とか青島の島は外して考える。

| 地名 | 人名 | レーベンシュタイン距離 | レーベンシュタイン距離の標準化 |
|---|---|---|---|
| **〈邪馬台国〉** | | | |
| イキメ | イキマ | 1.0 | 0.33 |
| ミナト | ミマト | 1.0 | 0.33 |
| ミヤワキ | ミマワキ | 1.0 | 0.25 |
| ナカツセ | ナカテ | 2.0 | 0.50 |
| （ニイ）ナヅメ | ナシメ | 1.0 | 0.33 |
| トノコオリ | トシゴリ | 2.5 | 0.50 |
| イシザキ | イシギ | 2.0 | 0.50 |
| ヤトコロ | ヤヤコ | 2.0 | 0.50 |
| ソシ | サシ | 1.0 | 0.50 |
| アオ（シマ） | アオ | 0.0 | 0.00 |
| **〈その他の国々〉** | | | |
| ヒコ（サン） | ヒコ（ヒココ） | 0.0 | 0.00 |
| ヒモリ | ヒナモリ | 1.0 | 0.25 |
| ニギ（ノハマ） | ニキ | 0.5 | 0.25 |
| タレ | タマ | 1.0 | 0.50 |
| ミミツ | ミミ・（ミミナリ） | 1.0 | 0.33 |
| ククチ | クコチ（ヒク） | 1.0 | 0.33 |

今回、すべての地名と魏志倭人伝に記載のある人名のレーベンシュタイン距離の標準化の値が〇・五以下となった。〇・五以下ということは、長い方の文字列に対して半分以上の文字が一致していることを意味する。最初の文字が同じまたは最初の文字の子音が同じで、レーベンシュタイン距離の標準化の値が〇・五以下だと、主観的な感覚と一致する。この方法により科学的にも裏付けられた。すなわち、これらの地名はそこに住んでいた人の人名である可能性が高く、これらが魏志倭人伝の人名として記載された可能性が高いことを示している。

## 第二章

# 卑弥呼の宮殿と墓を特定した

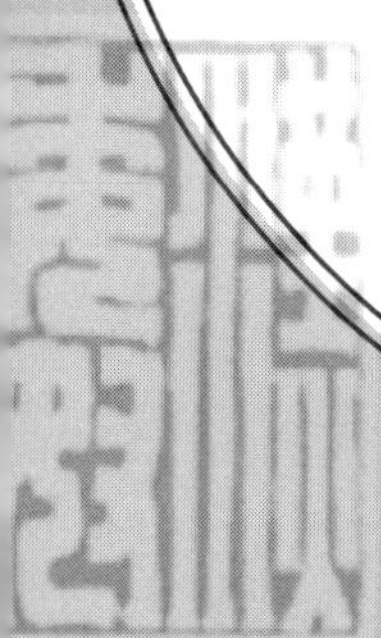
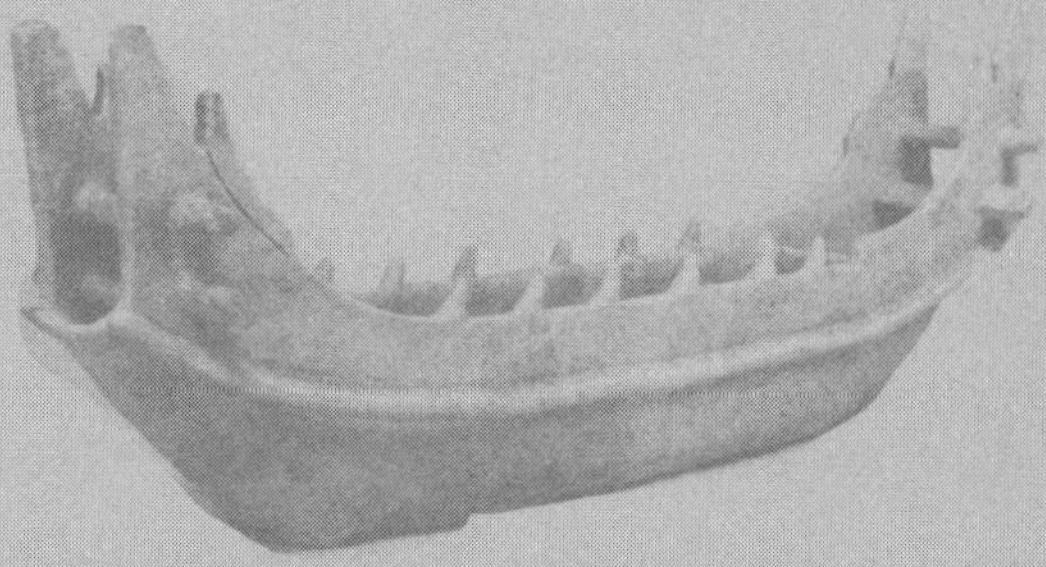

# 卑弥呼の宮殿は宮崎神宮

本章では邪馬台国の宮殿すなわち卑弥呼の宮殿はどこかを考察する。今まで邪馬台国の宮殿という遺跡は確認されていない。なお卑弥呼の宮殿について魏志倭人伝には次の記載がある。

「婢千人をみずから侍《はべ》らせる。ただ男子一人がいて、飲食を給し、辞を伝え、居拠に出入する。宮室《たかどの》・楼観《ものみ》、城柵をおごそかに設け、いつも人がおり、兵器を持って守衛する」

これは同時代の佐賀県吉野ヶ里遺跡の景観を連想させる。現在の吉野ヶ里遺跡は木の柵をめぐらし高殿も備えて復元されている。宮崎市にあった邪馬台国にも同じような設備が備えられていた。

宮崎市に邪馬台国があったとすると、卑弥呼の宮殿は宮崎神宮の可能性が高いと考える。各高官の名前が残っている場所のほぼ中心にあたる。

宮崎神宮の社伝によると、同神宮は初代の天皇である神武天皇の宮殿跡となっている。また宮崎神宮の北側に同神宮の摂社、皇宮神社があり、ここも神武天皇の宮殿跡があった場所と伝えられている。第六章で詳しく説明するが、宮崎にあった東遷前の大和政権の前身と邪馬台国

宮崎神宮（筆者撮影）

は同一であった可能性が高い。そうすると神武天皇の宮殿であった皇宮神社を含む宮崎神宮の場所は邪馬台国の宮殿であり、長年にわたり代々宮殿として使用されていたと考えられる。その後、宮殿跡に宮崎神宮が建設された。すなわち卑弥呼の宮殿は宮崎神宮の場所にあり、現在は宮崎神宮の敷地の下に埋もれている可能性が高い。

発掘が可能かは別にして、今まで掘り返されたことはないと思われるので、宮殿跡の保存状態は極めて良好であろう。この説が正しいかは将来発掘によって証明されることを期待する。

現在の宮崎神宮の敷地は東西約五〇〇メートル、南北六〇〇メートルとなっている。この敷地では国としては少し狭すぎる。邪馬台国の時代にはこの数倍〜数十倍の規模があったものと思われる。

宮崎神宮を中心として吉野ケ里遺跡のような城柵で囲まれた中に卑弥呼の宮殿とそれを囲むさまざまな建物があり、さらに楼観もあった。

婢千人を侍らすには相当大きな建物群がなければならない。婢千人は何をしていたのだろうか。卑弥呼の身の回りの世話にしては少し多すぎる。古事記には参考になる記載がある。高天原の天照大神の宮殿で須佐之男命が狼藉を働いたときに、機織《はたお》り小屋にいた女性が亡くなる。この記載から古代の宮殿の近くでは機織りが行われていたことがわかる。邪馬台国でも機織りが行われていた。魏志倭人伝には邪馬台国では養蚕《ようさん》が行われていたと記載がある。邪馬台国の宮殿で織られた絹織物は朝貢貿易で中国の皇帝に献上し、あるいは本州にある国々に非常に高い価格で取引されて、邪馬台国は莫大な富を得ていた。

## 宮崎という地名

宮崎という地名は「宮の先」が由来と考えられ、これが宮崎と変化した。宮は宮殿を指し、すなわち邪馬台国の宮殿になる。この宮殿は後に宮崎神宮になった。当時邪馬台国は、少なくとも九州の大部分を支配していたので、その首都は九州での倭国の首都となる。宮崎という地名自身が邪馬台国であることを示している。宮崎という地名は日向の国風土記にも記載されている。

## 宮崎神宮の中に古墳がある

宮崎神宮の正殿の北側に船塚《フナヅカ》古墳という前方後円墳がある。一般にはあまり知られていないが、本殿に参拝するときはこの古墳を拝んでいることになる。ここには高貴な人物が埋葬されている可能性がある。

古墳は、全長七六・八メートル、後円部径は三八メートル、高さは七・三四メートル、前方部の幅は四七メートル、高さ七・七六メートルである。前方部は大きく広がる。古墳南側のくびれ部は社殿によって損なわれているが、それ以外の部分は比較的良好に保存されている。船塚古墳は宮崎神宮の北西に広がる下北方古墳群の一部と考えられており、五〜六世紀の築造とされている。

この場所は邪馬台国の城柵内にあると考えられ、城柵内にあえて古墳を造るということは非常に高貴な人を葬《ほうむ》ったと考えられる。また宮崎神宮がこの古墳を拝むように本殿を設置していることも気にかかる。宮崎神宮が創建されたころは、この古墳の被葬者が誰であるかわかっていた可能性が高い。あえてこの位置に配置したのは重要な理由があったと推察する。筆者はこの古墳の被葬者が誰であるか非常に気にかかっている。

## 邪馬台国の殉葬の墓

次に卑弥呼の墓について考察する。魏志倭人伝には次のように記載がある。

「卑弥呼が死んだ。大きな塚をつくった。直径百余歩、殉死する者は奴婢百余人」

筆者は日本で殉葬者が確認されている古墳がないことに疑問をもっている。邪馬台国は卑弥呼の前に男王がいて、少なくとも一世紀後半には存在していた。殉葬は卑弥呼の墓だけ行われたと考えるには疑問がある。卑弥呼以前また以後の邪馬台国の王・王族の墓に殉葬はなかったのだろうか。

邪馬台国は代々殉葬を行ってきたので、卑弥呼の墓にも殉葬が行われたと考えられる。卑弥呼の次の男王その次の女王台与の墓でも殉葬が行われたのが自然である。少なくとも邪馬台国は卑弥呼以前に一〇〇年以上、また卑弥呼以降も存続しているので、王・王族の数はかなりの数にのぼる。それらに対応する古墳もかなりの数存在するはずである。

反対に殉葬者のある古墳群があれば、それは邪馬台国の場所を特定する一つの手がかりになる。奈良県桜井市の箸墓《ハシハカ》古墳、佐賀県吉野ヶ里町の吉野ヶ里遺跡からも、福岡県糸島市にある平原《ヒラバル》遺跡の墓からも、殉葬者の墓が存在したという報告はない。

古墳に埴輪《はにわ》が並んでいるのは、殉葬を止めて、その代わりに並べたと一般的には理解されている。殉葬者は刃物で殺され古墳または古墳の周囲に竪穴を掘り、その中に埋葬されているというのが一般的なイメージである。少なくとも筆者はこのようなイメージをもっていた。日本は酸性土壌が多く、土に埋められた骨は溶けて残らない場合が多い。竪穴があれば発掘の際に確認できる。骨がなくても殉葬者の竪穴は見過ごされることはない。しかしこのような竪穴がある古墳は今まで確認されていない。

日本書紀に第一一代垂仁《スイニン》天皇のとき殉葬を禁止したとある。垂仁天皇の確実な年代はわかっていないが、五世紀ごろの天皇であると推測される。近畿地方にあった大和政権でもおよそ五世紀ごろまで殉葬は行われていたことになる。日本と中国の文献に当時の日本では殉葬が行われていたと書かれているのに、発掘ではそれが全く確認できていない。これは不思議なことである。何かが見過ごされている可能性がある。筆者は日本に殉葬を伴う古墳はすでに数多く発掘され調査されていると考えている。それが殉葬の墓と気づいていないだけである。

## 地下式横穴墓

宮崎県南部から鹿児島県東部大隅半島にかけて地下式横穴墓《ちかしきよこあなぼ》またそれらが集合している地下式横穴墓群が特異的に存在している。

地下式横穴墓は、地面に竪穴を掘り、そこからさらに横穴を掘って造られた墓である。地下式横穴墓が単独で存在することはなく、数基から数十基、あるいは一〇〇基以上が集合して群をなしている。そのため地下式横穴墓群ともされる。

宮崎県の、えびの市・小林市・高原町・都城市では数多く確認されている。北限は西都市・高鍋町付近となる。宮崎・鹿児島両県での発見総数は一〇〇〇基をこえている。

宮崎県都城市の公式ホームページには、地下式横穴墓について次の説明がある。

「地下式横穴墓

地下式横穴墓とは？　地面に穴を掘り、その穴の壁から横方向に穴を掘って造られたお墓です。古墳時代の中頃から後半（五世紀〜六世紀）、南九州の内陸部から宮崎平野部・大隅半島にかけて、数多く造られました。最初に掘った穴は竪坑《たてこう》とよばれます。横に掘られた穴は玄室《げんしつ》とよばれ、遺体が納められています。竪坑と玄室の間には羨道《せんどう》とよばれるトンネル状の通路があります。羨道と竪坑が接する部分は羨門とよばれ、土の塊や石、板などでふさがれます。後から亡くなった人を同じ墓に埋葬する「追葬《ついそう》」が見られることもあります。地下に造られているため、盗掘を受ける事がほとんどなく、多くは副葬品などが当時のまま残されています。また、密封された空間のため、人骨など有機物の残存状態も良好です」

地下式横穴墓は考古学的な調査が行われており、発掘された場合、詳細な報告書にまとめられている。報告書の多くはインターネットで公開されており、誰でも閲覧可能である。これらの報告書によると、地下式横穴墓群の特徴ならびに被葬者と副葬品はおおむね次のようになっている。

・分布は宮崎県南部・鹿児島県東部に特異的に分布している。
・単独で造成されたことはほとんどなく通常数基、それ以上、または一〇〇基以上の複数の地下式横穴墓が密集している地下式横穴墓群を形成している場合が多い。
・地下式横穴墓群では各墓の規模・規格・形式が同じである場合が多い。
・地下式横穴墓が重なって造成されることはなく、同じ時期に同時に造られたと考えられる。
・通常古墳群の中に存在している。古墳に従属的に配置されたと考えられる地下式横穴墓群が確認されている。
・地表面に墓の目印となるものがない。地表面に塚などの構造物・指石のような標示物がない。
・被葬者は成人が多い。乳児・幼児・子供は少ない。
・一つの墓（穴）に数名が埋葬されている。同性の成人が複数同じ墓（穴）に埋葬されている。すなわち複数の男性だけあるいは女性だけが同じ墓に埋葬されている。また複数の成人男女が同じ墓に埋葬されている。
・同時に複数の人が埋葬されている。追葬も確認されているが少ない。
・家族単位の墓でない、また一族単位の墓でない。
・被葬者に戦闘等の傷が確認されていない。死因は戦闘等でない。
・通常被葬者は棺に納められていない。被葬者は仰向けに伸展して葬られ、墓空洞の下部地面にそのまま安置されている。石が敷き詰められてその上に遺体が安置されている場合もある。

・副葬品は刀剣・鏃《やじり》などの鉄製武器と土師器《はじき》・須恵器などの土器が多い。蛇行剣・異形鉄器が多いことも特徴的である。副葬品は質素である。

・一部には鎧《よろい》、馬具、鏡、勾玉《まがたま》等の装身具が副葬されている場合があるが数は少ない。

## 地下式横穴墓は邪馬台国の殉葬の墓

地下式横穴墓は前述の通り、形式・様式等が特殊であり、この地下式横穴墓が何かは解明されていない。筆者はこの地下式横穴墓こそ邪馬台国の王・王族が死亡した時に殉死させられた人々の殉葬の墓だと考える。前述の地下式横穴墓の特徴を一つ一つ検証していくと、殉葬者の墓であるとの結論になる。その結論は、以下のようにまとめられる。

・地下式横穴墓は宮崎県南部から鹿児島県大隅半島に特異的に分布している。筆者が想定した邪馬台国の範囲と重なる（一四七頁参照）。他の地域では見られない。この風習は邪馬台国特有で当時の他の日本の地域では殉葬が行われていなかった可能性が高い。したがって今まで日本で殉葬の墓が発見されていない理由になる。

・地下式横穴墓が群集して存在する。すなわちかなりの多くの人間が同時に死亡して同時に埋葬された可能性が高い。多くの成人男女が同時に死亡する場合は戦争・戦闘・疫病・災害が考えられる。地下式横穴墓の被葬者の遺体（骨）には戦闘で死亡した痕跡がない。疫病の場合は成人だけが死亡しない。幼児・子供も死亡する。この墓の被葬者には幼児・子供が埋葬されている例が少ない。また多くの人が死ぬような災害はいつも起こるわけではない。

・通常、遺体は棺に納められていない。遺体を棺に納めるのにはいろいろな理由があるが、遺体が傷んだり腐敗した場合、運搬・埋葬に便利であることは重要な理由である。地下式横穴墓の場合、棺がないということは死亡してすぐに埋葬した可能性が高い。

・地下式横穴墓を造成するにはかなりの労力・人手が必要である。地下式横穴墓群ではそれぞれの墓の規格がそろっていることから、同時に複数の墓が造成されていた可能性がある。造成にはかなりの日数が必要となる。すなわち人が死亡してから墓を造ったのでは遺体が腐敗してしまい棺が必要となる。事前に準備されて造成されていた可能性がある。

・単独で形成されず複数で地下式横穴墓群を形成している。また古墳に従属してあるいは古墳群の中に存在している。そして、そのそれぞれの墓には複数の成人が埋葬されている。古墳の被葬者と何らかの関係があることは確実であるが、地下式横穴墓の被葬者の年齢構成・副葬品から見て古墳の被葬者の家族・一族が埋葬されているのではないと考えられる。

・ほとんどの場合、男性の副葬品は鏃《やじり》・刀剣などの武器で、女性の副葬品は須恵器などで非常に質素である。

・日本の墓制では家族単位の先祖代々の墓というのが通常考えられる。しかしながら古墳時代では家族単位の墓でなく一族単位の墓であったとの説もある。この場合でも一族の墓として親・子・その兄弟が埋葬されている。嫁は実家の墓に埋葬されて夫婦で埋葬されないとの説がある。家族単位あるいは一族単位の先祖代々の墓であれば老人・壮年の人物・乳幼児等が時を経て別々に埋葬されるのが通常である。

当時の乳幼児の死亡率は非常に高かったことを考えると、乳幼児の埋葬数が多くなければならないが、地下式横穴墓の場合、乳幼児の埋葬例は非常に少ない。複数の成人が同時に同じ墓（穴）に埋葬されている例が多い。これらから考えて、地下式横穴墓は通常の家族単位、一族単位の墓でもないと考えられる。複数の家族単位あるいは一族単位の墓が集まった共同墓地ではない。

これらのことを総合的に判断すると、地下式横穴墓は古墳の被葬者に対して奴婢を殉葬した特別な墓であるとするのが合理的である。すなわち邪馬台国の殉葬の墓であるとの結論になる。また近年、ＤＮＡの解析技術が非常に発達して、簡単に行われるようになっている。被葬者の骨のＤＮＡ解析を行うことで、古墳の被葬者と地下式横穴墓の被葬者との関係ならびに地下式横穴墓の被葬者間の血縁関係が容易に判明する。

発掘調査報告書によると、地下式横穴墓の初現形態の横口式土壙墓の年代は古墳時代初期の三世紀後半から始まり、その年代は五世紀・六世紀あたりと推定されている。主古墳、古墳群の年代と同時期とされる。築造時期は現時点では推測とされており科学的に確定していない。年代測定は放射性炭素年代測定によって行われるが、この方法には誤差がある。技術の改良により誤差の幅は縮まってきている。今後放射性炭素年代測定によって年代が確定することを期待する。

地下式横穴墓は特別な墓であり、邪馬台国の一般の墓「棺はあるが槨《かく》（そとばこ）はなく、土を封じて塚をつくる」とは別と考えている。

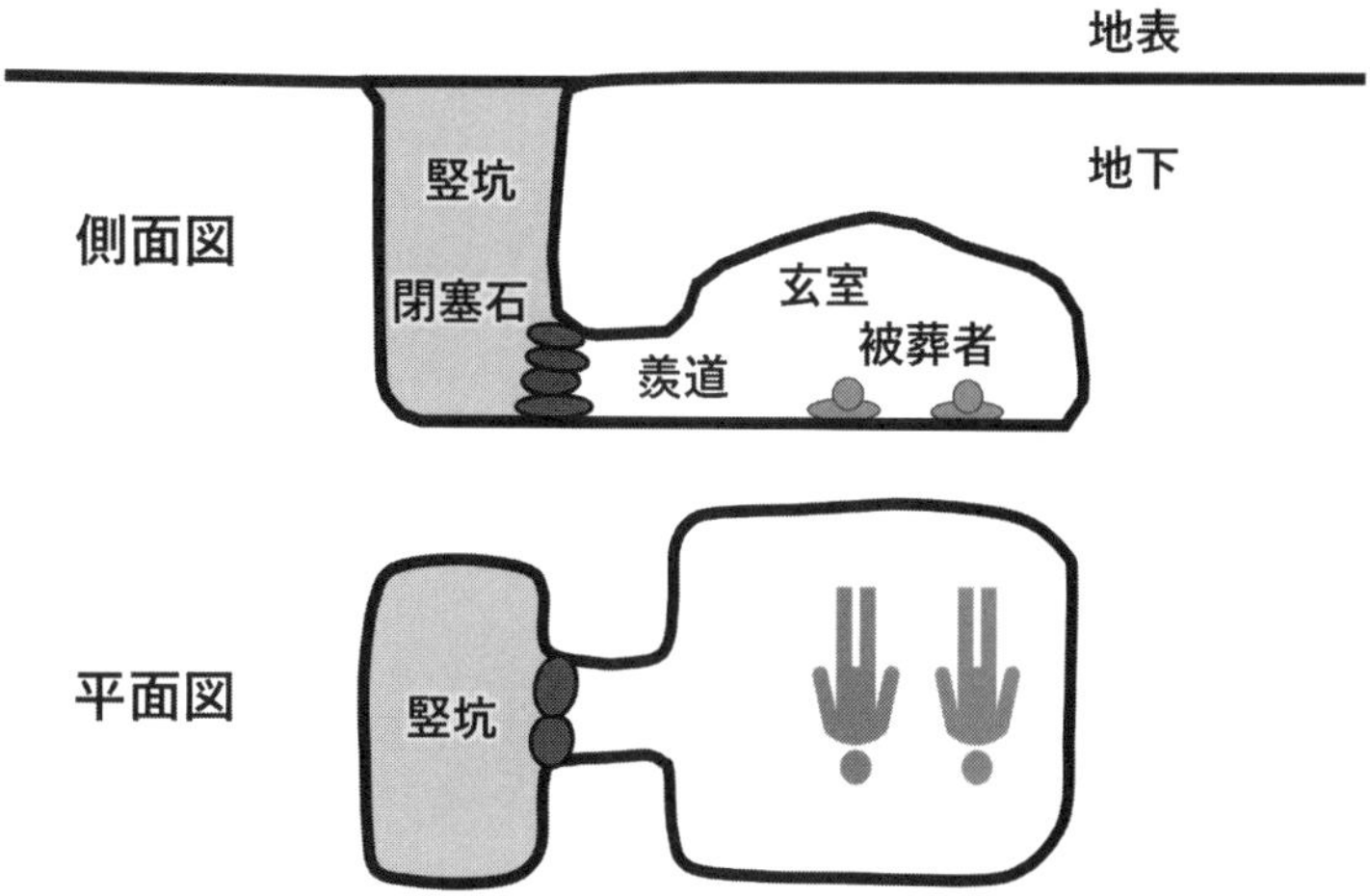


地下式横穴墓概略図（筆者作成）

地下式横穴墓分布域（地理院地図を用いて筆者作成）
参考：西都市教育委員会主催「シンポジウム世界文化遺産としての古墳を考える Part Ⅵ」シンポジウム資料

## 卑弥呼の墓の条件

ここで卑弥呼の墓を特定するために卑弥呼の墓の条件を考察する。

魏志倭人伝の記載によると、卑弥呼が死亡したのは西暦二四七年か二四八年と推測されることから古墳の築造年代は三世紀後半になる。少し広く見て四世紀前半の古墳であることが条件となる。

また邪馬台国の場所を宮崎市とすると、卑弥呼の墓の場所は宮崎市周辺にあると考えられる。広く見ても邪馬台国の領土内とするのが自然である。宮崎県南半分と鹿児島県になる。卑弥呼の墓には殉葬の墓があることが条件であり、殉葬の墓である地下式横穴墓群が古墳または古墳群の近くに存在することが必要である。

魏志倭人伝は卑弥呼の墓の大きさを径一〇〇歩と記している。径は直径と解釈されるので円墳の可能性もあるが前方後円墳の長さを記した可能性もある。一歩は長さの単位で、当時の魏の一歩は約一・四メートルとされているので、一〇〇歩は約一四〇メートルになる。

以上をまとめると卑弥呼の墓の条件は次の四条件となる。
・築造年代が三世紀後半、広く見て四世紀前半までであること

宮崎県・鹿児島県の古墳長 120m 以上の古墳

| 古墳 | 古墳長（m） | 時期 | 場所 | 地下式横穴墓 |
|---|---|---|---|---|
| 男狭穂塚古墳 | 176 | 5世紀前半 | 宮崎県西都市 | あり |
| 女狭穂塚古墳 | 176 | 5世紀前半 | 宮崎県西都市 | あり |
| 生目3号墳 | 143 | 4世紀半ば | 宮崎市 | あり |
| 生目1号墳 | 136 | 3世紀後半～4世紀前半 | 宮崎市 | あり |
| 唐仁大塚古墳 | 140 | 5世紀前半 | 鹿児島県東串良町 | 未確認 |
| 横瀬古墳 | 134 | 5世紀後半 | 鹿児島県大崎町 | あり |
| 持田1号墳 | 120 | 4世紀後半 | 宮崎県高鍋町 | あり |
| 菅原神社古墳 | 120 | 4世紀後半 | 宮崎県延岡市 | 未確認 |

北郷泰道『改訂版　西都原古墳群』同成社、2018
宮崎市教育委員会『宮崎市教育委員会 2010　宮崎市文化財調査報告書 80：生目古墳群 1』
各古墳の調査報告書等　参考文献参照

・場所は宮崎県南半分から鹿児島県
・古墳または古墳群に地下式横穴墓があること
・墓の大きさが約一四〇メートルであること

## 宮崎県・鹿児島県の大型古墳

宮崎県と鹿児島県に大きさ（長さ）が一二〇メートル以上の古墳は八基存在する。上の表に示す。

古墳の築造時期は『改訂版　西都原古墳群』（北郷泰道、同成社）「宮崎県域古墳群編年図」ならびに各古墳の調査報告書に準じて記載した。

『宮崎市文化財調査報告書80：生目古墳群1』によると、築造時期は確定されていないとあるが、同報告書には相対的な築造年代は示されている。それによると古い順に生目一号墳―生目三号墳―持田一号墳―菅原神社古墳―

唐仁大塚古墳―男狭穂塚《オサホヅカ》古墳―女狭穂塚《メサホヅカ》古墳―横瀬古墳となっている。
この八基の古墳の中に卑弥呼の墓がある可能性が非常に高い。以下に順番に検証する。

・男狭穂塚古墳と女狭穂塚古墳は宮崎県西都市の西都原《サイトバル》古墳群にある古墳である。両古墳とも宮内庁の陵墓参考地に指定され一般の人は立ち入ることができない。この古墳は地理的に宮崎市に近くまた西都原古墳群には地下式横穴墓が確認されているが、古墳築造時期が五世紀前半と推定されており卑弥呼の墓とするには時期が合わない。また規模も少し大きすぎるのでこの両古墳は候補から外れる。

・唐仁大塚《トウジンオオツカ》古墳は鹿児島県東串良町にある。志布志湾沿岸部にある古墳群の中で最大の前方後円墳。築造時期は五世紀前半と推定されている、また地下式横穴墓は未確認である。宮崎市から距離があることも含めて候補から外す。

・横瀬古墳は鹿児島県大崎町にある。前述の唐仁大塚古墳の北数キロメートルの場所にある。地下式横穴墓が近くにあるが、宮崎市から距離があること、また築造時期が五世紀後半と推定されているので候補から外す。

・菅原神社古墳は宮崎県延岡市にある前方後円墳であるが、時期が四世紀後半、地下式横穴墓が未確認また宮崎県北部に位置することから候補から外す。

・持田一号墳は宮崎県高鍋町にある前方後円墳で計塚《ハカリヅカ》古墳とも呼ばれている。この古墳は宮崎市から距離があること、築造時期が四世紀後半と推定されていることから候補から外す。

・生目三号墳は築造時期が四世紀半ばとなっているので候補から外す。

・生目一号墳は四条件を満たす。

## 生目一号墳と箸墓古墳は相似形

生目古墳群は宮崎神宮からは大淀川を渡った丘陵に位置している。古墳群には五〇基の古墳がある。発掘調査報告書によると生目一号墳は宮崎県・鹿児島県の最古の前方後円墳の一つとされている。生目古墳群の中に生目地下式横穴墓群が存在する。また生目一号墳の前方部分近傍に地下式横穴墓、数基が確認されている。

一方、箸墓古墳は奈良県桜井町にある前方後円墳で第七代孝霊《コウレイ》天皇の娘倭《ヤマト》迹迹《トト》日《ヒ》百襲《モモソ》姫《ヒメノ》命《ミコト》の墓として宮内庁が管理している。この古墳を卑弥呼の墓とする研究者は多い。

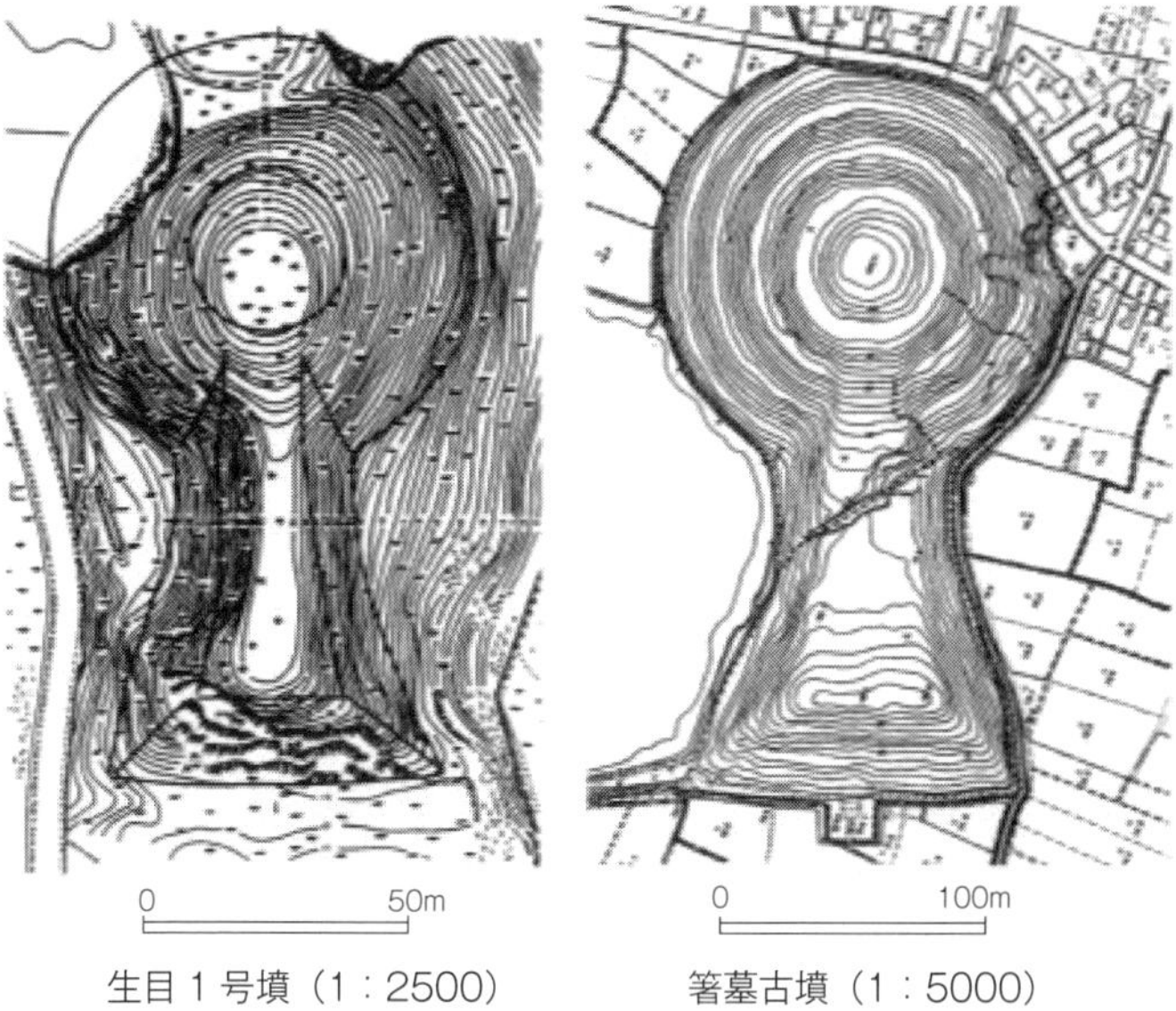


生目 1 号墳と箸墓古墳比較図
（宮崎市教育委員会 2014『宮崎市文化財調査報告書 98：
生目古墳群Ⅳ』宮崎市教育委員会）

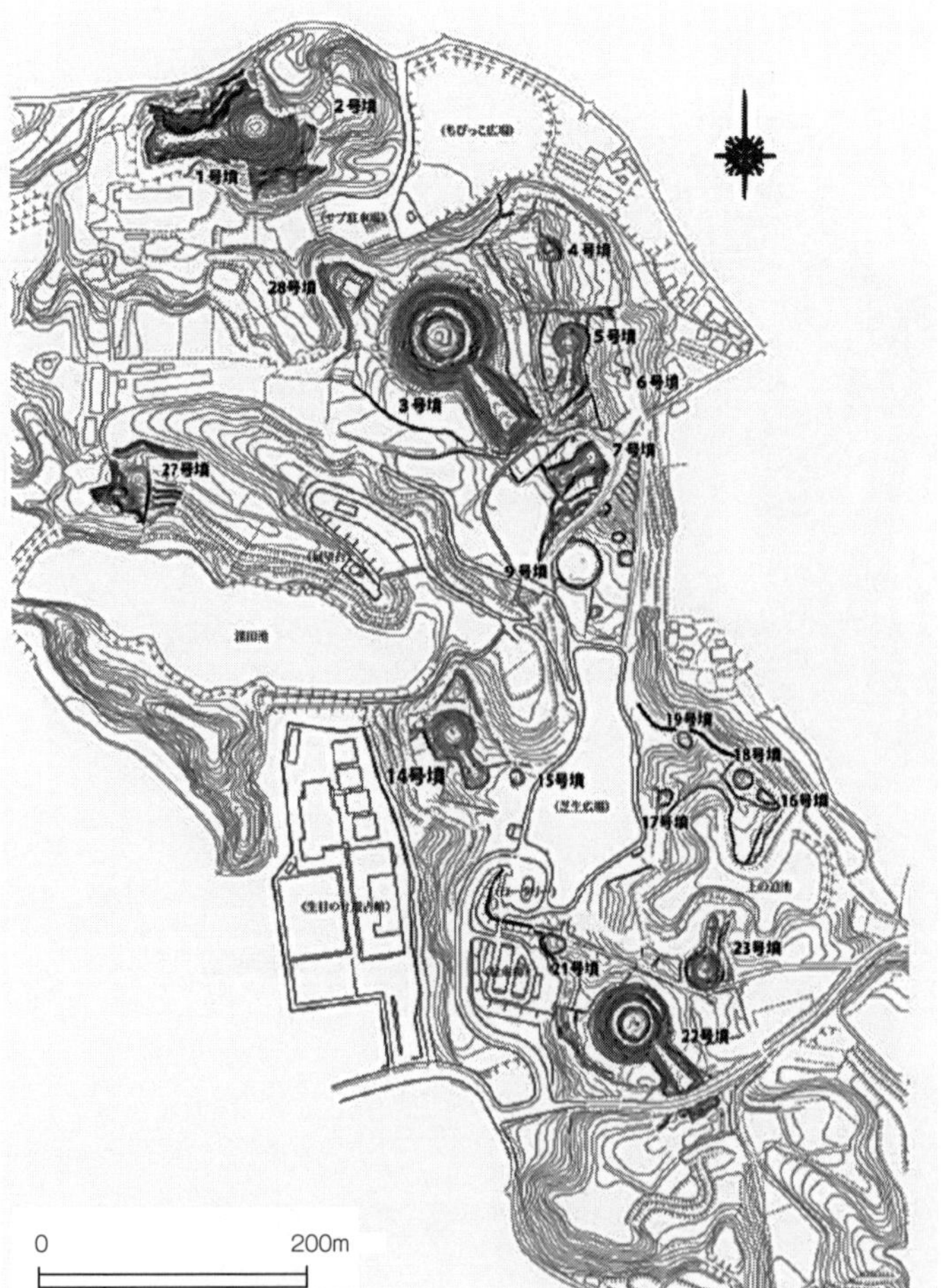


生目古墳群全体図
(宮崎市教育委員会 2014『宮崎市文化財調査報告書 98：
生目古墳群Ⅳ』宮崎市教育委員会)

生目一号墳は箸墓古墳と相似形でかつ半分の大きさで設計・造成されたのではないかと指摘されている。筆者は反対に箸墓古墳が生目一号墳の二倍の大きさで造成された可能性があり、生目一号墳の形態である前方後円墳は、この古墳から日本各地へ広がったと考えている。両古墳の科学的年代確定が待たれる。

両古墳の規模を示す。

**生目一号墳**　　全長一三六メートル、高さ一七メートル
**箸墓古墳**　　全長二七六メートル、高さ三〇メートル

## 生目一号墳は聖なる直線上にある

生目一号墳について非常に重要な発見をした。筆者はこの古墳の軸線が高千穂峰《タカチホノミネ》の方角を指していることに気づいた。実際に計測してみることにした。現地に行って測量をしなくても国土地理院がインターネットに公開している測量計算サイト「距離と方位角の計算」を用いて計測ができる。

生目古墳群（生目 14 号墳）（筆者撮影）

〈方法〉

次の二地点の緯度・経度を入力して、この両地点の方位と距離を測定する。

高千穂峰山頂三角点

生目一号墳後円部中心

緯度・経度入力はサイトの地図上でカーソルをこの地点上に移動させてクリックすることで入力することができる。生目一号墳後円部中心はこの方法で行った。高千穂峰山頂三角点の緯度・経度は国土地理院が公開している値を入力した。生目一号墳の主軸の方位は『宮崎市文化財調査報告書第１２２集　生目古墳群Ⅶ』に掲載されている一号墳の測量図から計測した。

方位は北を〇度とし時計回りに、東を九〇度、南を一八〇度、西を二七〇度で表す。

計測結果は次のようになった。

高千穂峰山頂三角点から生目一号墳後円部中心への方位角　　八〇度三〇分二四秒

生目一号墳主軸の方位角　　八一度三〇分三〇秒

これは生目一号墳主軸がほぼ正確に高千穂峰の方向を指していることを示している。

この高千穂峰の山頂と生目一号墳後円部中心を結ぶ直線をさらに延長するとどうなるかを調べてみると、驚くべきことが判明した。この直線は天照大神が生まれたとされる聖なる場所である阿波岐原の、みそぎ池南端を通ることを確認した。

同様に計測した結果を次に示す。

高千穂峰山頂三角点から阿波岐原みそぎ池南端の方位角　　八〇度三〇分二〇秒

これは前述の高千穂峰山頂三角点から生目一号墳後円部中心への方位角と、驚くべき精度で一致する。わずか四秒の違いだ。高千穂峰山頂三角点から生目一号墳を結ぶ直線を延長すると阿波岐原みそぎ池を通るのではなく、高千穂峰山頂とみそぎ池を結ぶ直線上に主軸を合わせて生目一号墳を造成したと考えると合理的である。聖なる直線上に古墳を造成したことになる。

みそぎ池南端と高千穂峰をピンポイントで結ぶ直線は生目一号墳の後円部から前方部上を正確に通過する。古墳後円部の中心とこの直線との乖離距離は〇・七七メートルとなり、これは後円部の直径約七四メートル、前方部の幅約五〇メートル内に収まる。すなわちこの直線は正確に古墳の主軸を貫いていることが確認できた。

宮崎市内からは高千穂峰が望める。阿波岐原と高千穂峰の距離は約五二キロメートルあるが、阿波岐原からも高千穂峰山頂を見ることができる。生目古墳から高千穂峰の距離は約四四キロメートルある。池と古墳の距離は約八キロメートルである。また同様に生目古墳群からも高千穂峰は見える。見えている目標があるので一八〇〇年前の邪馬台時代の技術でもこの精度での造成は可能であったと推測する。

高千穂峰は標高一五七四メートルの火山で、現在山頂には有名な天逆鉾《アメノサカホコ》が刺さっている。高千穂峰頂上三角点は天逆鉾のすぐ北側に設置されている。高千穂峰は火山であり、また風雨で浸食されることを考えると、現在の山頂が一八〇〇年前の山頂とは異なっていたことは考えられる。

一方、このみそぎ池南端と高千穂峰山頂とを結ぶ直線が生目一号墳の真上を通過するということは、この池の南端ポイントが特別な場所であった可能性がある。伊邪那岐命《イザナギノミコト》が禊《みそぎ》を行ったのがこのポイントであった可能性がある。また禊の時に天照大神も含めて多くの神々が誕生している。実際古代にはこの場所は入江であったといわれている。誕生してしばらく経った子どもたちを連れてきて禊を行い、子どもの成長と幸せを祈願する場所であったのかもしれない。現在まで天照大神生誕の地と伝えられているこの地は古来、神聖な特別な場所であった。古事記・日本書紀と魏志倭人伝を比較できる根拠は第六章で述べる。

阿波岐原みそぎ池が一八〇〇年前に同じ形で存在していたとは思われないが、みそぎ池の南約三〇〇メートルの場所に江田《エダ》神社がある。祭神は伊邪那岐命と伊邪那美命である。この神社は西暦八〇〇年ごろから存在し、天照大神生誕の地を保護する役割を担ってきたとされている。津波等の災害にあっているが場所は移動していない。

古来この場所は入江であったが、現在は池として存在している。江田神社の場所が移動していないことから、このみそぎ池は古来この場所に存在していたと考えられる。山頂の位置ならびに池の位置が一八〇〇年前とは多少ずれていることは考えられるが、現在の山頂とみそぎ池とを結ぶ直線が古墳の上を通ることは客観的な事実である。

みそぎ池が天照大神生誕の聖地とされていたのであれば、邪馬台国にとっても何らかの重要な聖地であった。一方、高千穂峰は天孫降臨の舞台であり、山岳信仰の対象となっている山である。邪馬台国にとっても山岳信仰の対象になっていたことから、意図的にこの二か所の聖地を結ぶ直線上に主軸を合わせて古墳を造成したものと考えられる。

生目三号墳の軸線は一号墳の軸線とおおよそ六〇度で交差している。生目三号墳の軸線の延長線上を調べたが特別な場所は見いだせなかった。

## 計測精度

国土地理院がインターネットに公開している測量計測サイト「距離と方位角の計算」の計測は正確で、誤差はない。国土地理院ではこのサイトの測量計算結果は公共測量にも利用可能としている。ピンポイントで緯度・経度を入力する場合は誤差が生じないが、地図上をカーソルでクリックして緯度・経度を入力した場合、五メートル程度の誤差がある。

生目一号墳の主軸の方位はインターネットに公開されている報告書をＰＤＦでダウンロード後、印刷して計測したので、誤差は角度にして三〇秒（〇・五度）程度はある。

高千穂峰（筆者撮影）

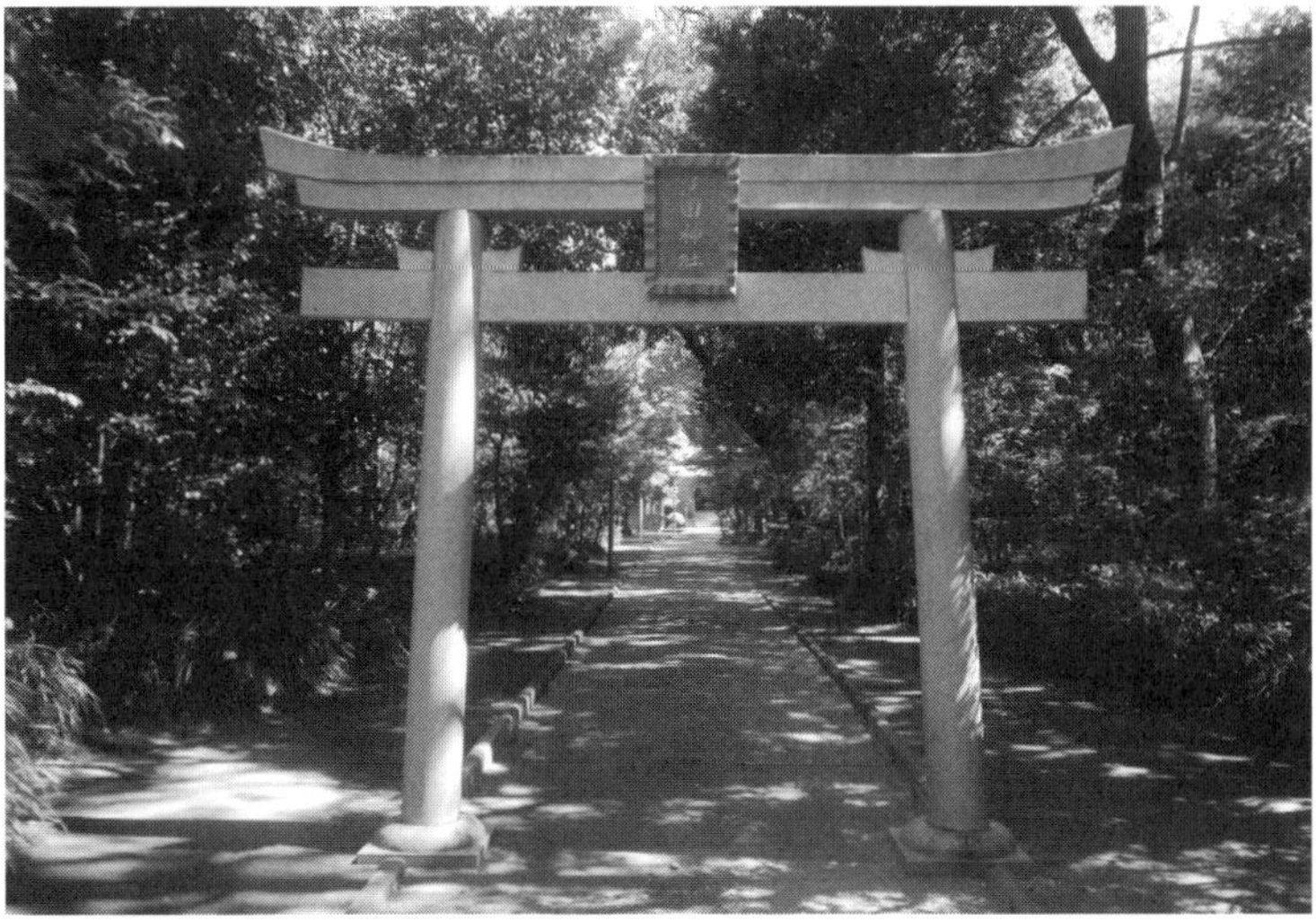

江田神社（筆者撮影）

高千穂峰—生目１号墳—みそぎ池（１）
高千穂峰山頂とみそぎ池を結ぶ直線は生目１号墳の主軸を貫く（地理院地図を用いて筆者作成）

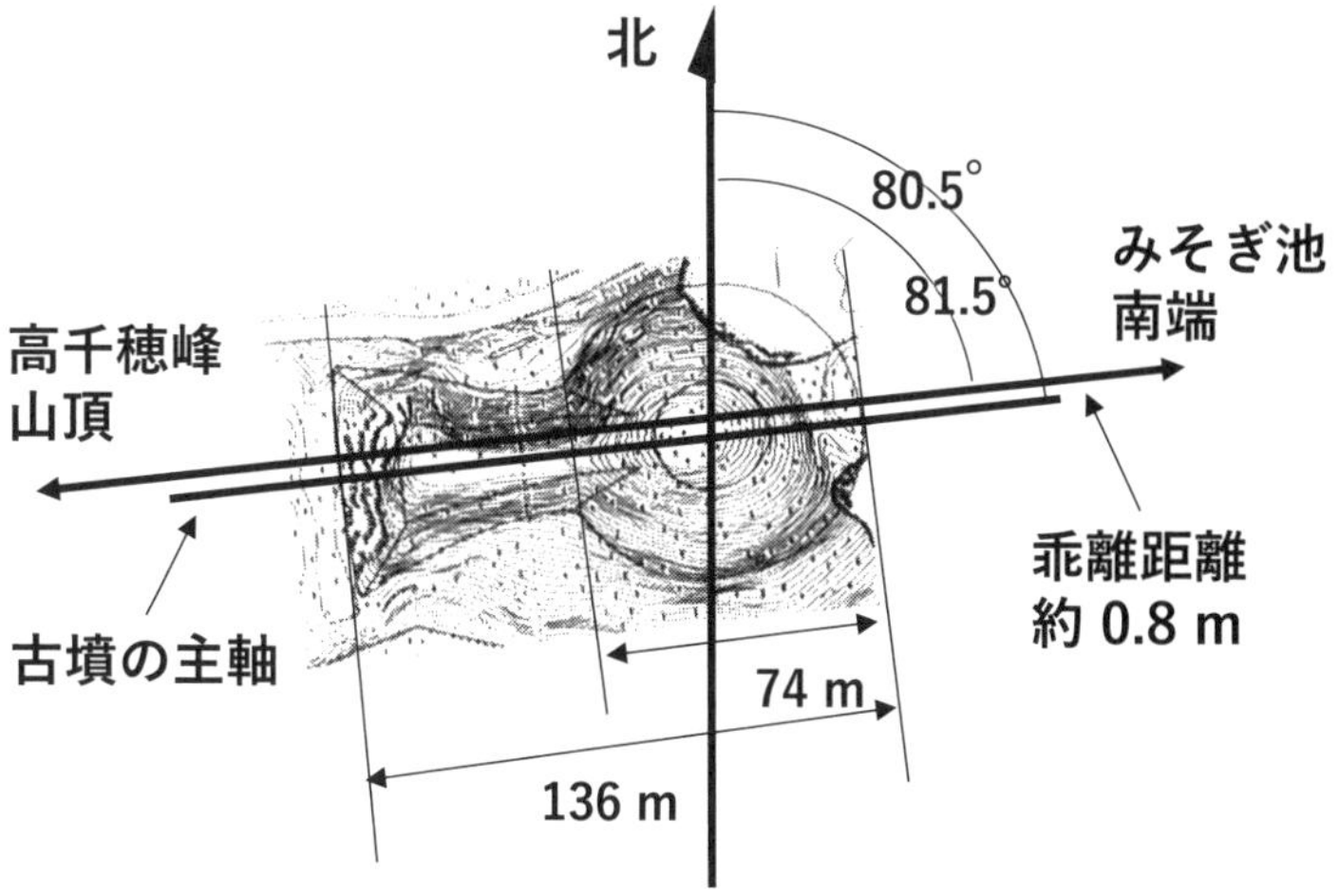


高千穂峰―生目１号墳―みそぎ池（2）
高千穂峰山頂とみそぎ池を結ぶ直線は生目１号墳の主軸を貫く
（宮崎市文化財調査報告書をもとに筆者作図）

〈計測結果〉

| | 地点 | 緯度 | 経度 |
|---|---|---|---|
| A | 阿波岐原<br>みそぎ池南端 | 31 度 57 分 47.68 秒 | 131 度 28 分 02.00 秒 |
| B | 生目 1 号墳<br>後円部中心 | 31 度 57 分 05.08 秒 | 131 度 22 分 59.78 秒 |
| C | 高千穂峰山頂<br>三角点 | 31 度 53 分 10.5237 秒 | 130 度 55 分 08.1803 秒 |

| | 方位角 | 距離 |
|---|---|---|
| B → A | 80 度 44 分 44.44 秒 | 8,040.515m |
| B → C | 260 度 45 分 08.15 秒 | 44,508.755m |
| C → A | 80 度 30 分 20.71 秒 | 52,549.270m |
| C → B | 80 度 30 分 24.34 秒 | 44,508.755m |

∠ABC：179 度 59 分 36.29 秒（180 度以下で示す）
∠ACB：0 度 0 分 3.63 秒

B 地点の直線 AC からの乖離距離：0.773m
B 地点の直線 AC からの乖離距離の計算式
　距離 BC × sin ∠ ACB ≒距離 BC × 2 ×円周率×∠ ACB ÷ 360°

生目 1 号墳の主軸の方位：81 度 30 秒

方位は北を 0 度とし時計回りに、東を 90 度、南を 180 度、西を 270 度で表す。
地球が丸いために出発点から到達点の方位角と反対の到達点から出発点の方位角の差は 180 度にはならない。

## 卑弥呼の墓は生目一号墳

生目一号墳に対する内容を以下にまとめる。

・生目一号墳は宮崎県・鹿児島県の最古の前方後円墳の一つとされている
・宮崎市内に位置する
・生目一号墳の築造時期は三世紀後半〜四世紀前半と推測されているので、卑弥呼の古墳と築造時期が一応合致している
・地下式横穴墓が生目古墳群に存在する
・生目一号墳の前方部分近傍に地下式横穴墓数基が確認されている
・古墳の大きさは魏志倭人伝が記す大きさとほぼ一致する
・高千穂峰山頂とみそぎ池を結ぶ直線上に主軸を合わせて築造されている

これらのことを総合的に判断して、生目一号墳は卑弥呼の墓である可能性が高いと考える。

この古墳は本格的な発掘調査は行われていない。宮内庁の陵墓参考地には指定されていないので発掘は可能となっている。築造時期の科学的な最終確定が待たれる。将来本格的に発掘され

ると「親魏倭王」の金印が出土するかもしれない。

## 生目古墳群概要

生目古墳群史跡公園のホームページの案内には、次のような紹介がある。中には筆者の見解と相違するところもある。

「生目古墳群は、宮崎市大字跡江にある丘陵上に築かれた、古墳時代前期から後期（約一七〇〇年前から一四〇〇年前）の古墳群です。この丘陵は大淀川右岸に位置しており、東には宮崎平野を見渡すことができます。生目古墳群は五〇基の古墳で構成されており、公園内には、前方後円墳八基、円墳二五基があります。その中の一号墳、三号墳、二二号墳は全長が一〇〇メートルを超える規模を誇り、生目古墳群は古墳時代前期において、九州最大の古墳群であったと言えます。当時、この生目古墳群に埋葬された人物は、かなり大きな力を持った人物であったと考えられます。また、南九州独特のお墓の形である地下式横穴墓も多く発見されています。その中で注目されるのは、地下式横穴墓が前方後円墳

箸墓古墳（奈良県桜井市）（筆者撮影）
生目１号墳と相似形で２倍の大きさとなっている

の下から見つかったことです。これは、近畿地方からの影響のもと築かれた前方後円墳と南九州独特の地下式横穴墓の関係を知る上で非常に貴重な発見であったと言えます。生目の森に今も静かにたたずむ生目古墳群は、当時の宮崎平野の歴史のみでなく、古墳時代の社会を考える上でも、重要な情報を提供してくれる貴重な遺産なのです」

現在、生目三号墳は立ち入りができるが、生目一号は森に囲まれて立ち入りが制限されており、墳丘の外観を見ることができない。

第三章

# 邪馬台国への行程を検証する

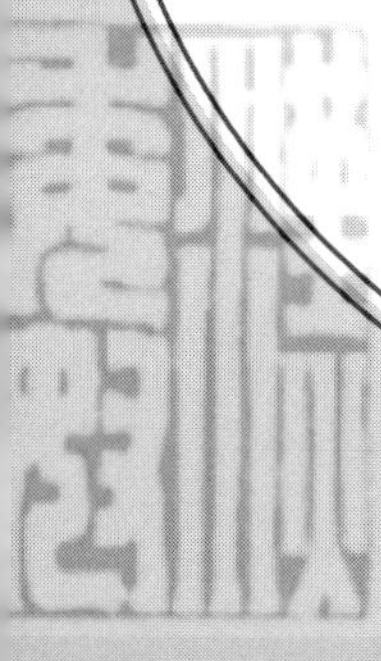

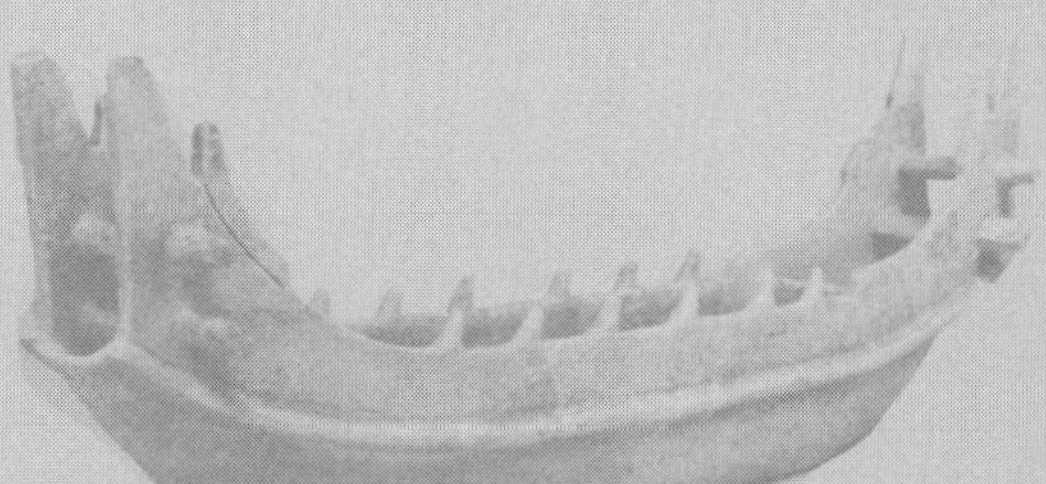

## 邪馬台国最大の謎は行程

邪馬台国の場所が特定されていない最大の原因は、邪馬台国への行程である。その中でも最大の問題点は不弥国から邪馬台国への行程にある。

「(不弥国から) 南の投馬国に行くには水行二〇日」

「(投馬国から) 南の邪馬台国へ行くには水行一〇日・陸行一月」

これは魏の使者の一行が不弥国から邪馬台国へ行った旅行で実際にかかった日数を記したものと考える。

本書では邪馬台国が宮崎市にあったことを示したので、この行程が現実的なものかを検証すればよい。筆者は実際に唐津から九州の東海岸沿いに宮崎まで車で移動して現地視察を行い、行程を検証した。朝鮮半島南端の狗邪韓国《クヤカンコク》から奴国まではほぼ定説がある。奴国から先の部分が最大の謎であり論点となっている。不弥国はどこか、投馬国はどこにあったか、またどこから陸行に切り替えたのか、その理由は何かを順番に説明する。

## 邪馬台国への行程

魏志倭人伝から邪馬台国への行程に関する部分を抜き出す。

「倭人は帯方郡の東南大海の中に住み（中略）。帯方郡から倭に行くには、海岸にしたがって水行し韓国をへて、あるいは南へあるいは東へ、七〇〇〇余里で倭の北岸にあたる狗邪韓国につく」

「狗邪韓国から海を渡り一〇〇〇余里で対馬国につく」

「対馬国から南へ海を渡り一〇〇〇余里一大国につく」

「一大国から海を渡り一〇〇〇余里末盧《マツロ》国につく」

「末盧国から東南に陸行五〇〇里で伊都国につく」

「伊都国から東南の奴国まで一〇〇里」

「東行して不弥国まで一〇〇里」

「（不弥国から）南の投馬国に行くには水行二〇日」

「（投馬国から）南の邪馬台国へ行くには水行一〇日・陸行一月」

・狗邪韓国《クヤカンコク》は釜山〜金海付近
・対馬国は長崎県対馬
・一大国は長崎県壱岐
・末盧国は現在の佐賀県東松浦半島
・伊都国は現在の福岡県糸島市
・奴国は福岡市博多

と比定されている。ここまではほぼ定説となっている。

一里の長さについてはいくつかの説があるが本書ではいわゆる短里、すなわち一里を七五〜一〇〇メートルの値とする説を採用した。

## 帯方郡から邪馬台国まで一万二〇〇〇里

魏志倭人伝のなかに「郡から女王国まで一万二千里」という記載がある。前段の帯方郡から不弥国までの里数を合計すると一万七〇〇里になる。不弥国から邪馬台国まで残り一三〇〇里となる。これも邪馬台国の場所を比定するのに大きな議論となっている。奴国と不弥国

鏡山
手前は唐津湾。魏の使者の一行は鏡山の麓を通って末盧国（唐津）から出発した。（筆者撮影）

間が一〇〇〇里となっているので邪馬台国は奴国から一四〇〇里となる。これは福岡博多から一〇五〜一四〇キロメートルのところに邪馬台国があることになり、宮崎市とは符合しない。筆者はこの一万二〇〇〇里は帯方郡からの直線距離を表しているものと考える。

一万二〇〇〇里は九〇〇キロメートルから一二〇〇キロメートルになる。帯方郡の所在地については諸説あるが現在の平壌《ピョンヤン》付近にあったとの説が多い。帯方郡が平壌にあったと仮定して、平壌と宮崎市の実際の直線距離は約一〇〇〇キロメートルであり、この記載とはほぼあっている。

当時すでに緯度という概念と計測方法があり太陽の高度が緯度によって変わる、あるいは垂直に立てた棒の影の長さが緯度によって変わるという知識が

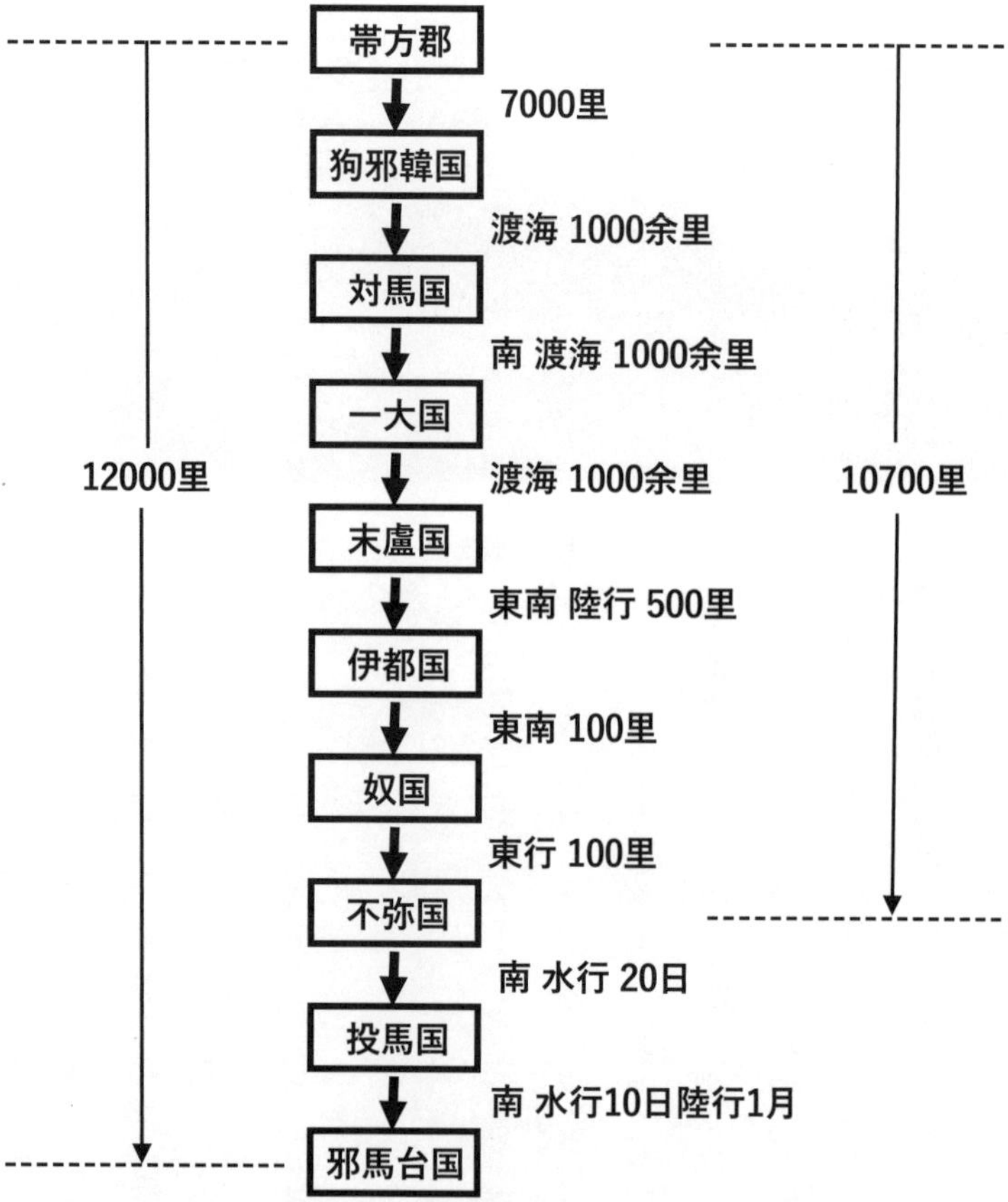


帯方郡から邪馬台国への行程図
帯方郡から邪馬台国の距離 12000 里は直線距離と考える。

あり南北の距離は計測することができた。当時の中国では影の長さより南北距離を求める一寸千里法が開発されていた。邪馬台国の位置も太陽の高度を利用したこの方法により測定されたと考える。

## 不弥国《フミコク》は福津・宗像

不弥国は次の条件が記載されている。

・奴国から東行一〇〇里
・戸数　千戸
・(不弥国から) 南 (行) して投馬国《トマコク》にいたる。水行二〇日

魏の使者の一行は不弥国から水行で移動している。水行ということは船に乗ったのであり、不弥国は海に面して港を備えていなければならない。多くの研究者が比定している宇美町は内陸にあり海に面していないので、宇美町から水行することはできない。奴国、現在の博多から海沿いに北東方向へ約二〇キロメートル行くと福津市がある。距離一〇〇里は七・五キロメー

宗像大社（筆者撮影）

福津市津屋崎漁港
魏の使者の一行はここから投馬国へ向けて出港した。（筆者撮影）

トルから一〇キロメートルと想定したがそれより長い。魏志倭人伝の方角の記載は時計回りに約二〇〜四五度ずれている。距離と方向が完全には合致していないが、不弥国が福津市であっても大きな矛盾はない。また戸数千戸となっているので大きな国ではない。

福津市のすぐ東隣は宗像市で世界遺産に指定された宗像大社がある。この宗像大社を中心にして現在の福津市を含む地域に不弥国があったと考える。福津市は福間町と津屋崎町が二〇〇五年に合併した町で、それぞれの名前から一文字ずつ取って福津としている。津屋はすなわち港にある建物であり、ここには港とそれにともなう施設があったことが地名の由来となっている。港が設けられて邪馬台国の航路の拠点になっていた。以上のことから不弥国は現在の福津市・宗像市と比定する。

## 一八〇〇年前の旅について考察する

ここで魏の使者の一行の旅について考察しよう。軍隊等でなければ一般に、当時の旅で行動できるのは日の出から日の入りまでである。夜に行動することは危険がともなうため通常考えられない。当時食事は朝食と夕食の二食であった。夏場の九州では五時ごろ（現在の東京標準時）日の出になり、一八時三〇分ごろ日没になる。日の出前に空が明るくなるころ起床する。日の出のころから行動が始まる。手分けをして朝食準備を行う者と出発準備を行う者とに分かれる。

水行の場合は船に荷物を積み込まなければならない。多くの人手と時間がかかる。これらの準備と朝食に二時間程度かかり、出発は七時過ぎになる。休憩を取りながら旅をする。水行の場合は船を漕ぎ、陸行の場合は徒歩で行く。一五時ごろ目的地である次の宿泊地に着く。そこで二時間かけて手分けをしながら次の旅の準備と夕食の準備に取り掛かる。

水行の場合は現在のように防水シートがあるわけでなく、雨が降った場合に備えて荷物を船から降ろして建物の中に保管しなければならない。やはり多くの人手と時間を要する。一七時ごろから夕食、場合によっては宴会が始まる。一九時ごろには食事が終わり、二〇時ごろには寝る。

当時の宿泊所では魏の客人と邪馬台国の高官へは食事の提供をしたと思われるが、他の付き人・水夫・護衛の兵士・奴婢などへは食料は提供されても調理は自分たちで行わなければならなかった。一日のなかで移動に利用できる時間は六～七時間程度であった。

船の埴輪　西都原古墳群出土（東京国立博物館蔵）

## 水行についての考察

当時の船について、どのようなものだったかを知る重要な埴輪《はにわ》がある。それは宮崎県西都市西都原《サイトバル》古墳群から出土した埴輪の船で、現在東京国立博物館に所蔵され重要文化財に指定されている。舳先《へさき》が高く反り上がったゴンドラ形の船で船のへりに左右六個ずつの突起がある。帆を使うマストがないので帆は補助的にしか使わなかった。この突起に個々にオールを結び付けて漕いでいた。実物の船の大きさは幅二・五メートル程度、全長一〇メートル程度と想定され、漕ぎ手は一〇～一二名で、このほかに舵を取る水夫が一名いた。水夫を含めて最大三〇名程度乗れたと考える。重量は約二～三トンとなる。人を減らせば荷物が運べた。船の底は平らで港では砂浜に陸揚げしていた。

当時の船の性能は『魏志倭人伝の航海術と邪馬台国』（遠澤葆、成山堂書店）を参考にした。同書では当時の艪漕《ろこ》ぎの船の速度を低く見積もって一・五ノット（時速二・七七キロメートル）としている。本書では他の資料も参考にして、当時の船の速度を時速三〜四キロメートルとした。海上で休憩を取りながら一日六〜七時間程度航海し、一日あたり二〇キロメートル程度進んだ。対馬海峡などは一〇〇キロメートルあり、ここは丸一昼夜こぎ続けて走破した。対馬海峡等を渡る場合を除いて当時の水行は安全のために陸地に沿って航行していた。急な天候の変化、雨などの場合すぐに入江・砂浜などに船をつけて避難した。

邪馬台国は奴国から邪馬台国まで海岸に沿って二〇キロメートルごとに港を整備し、舟屋あるいは津屋《つや》と呼ばれる宿泊所を整えていた。ここでは食事または食料が提供されていた。この航路を利用するのは邪馬台国の軍隊・兵士・邪馬台国の輸送部隊・商船等であった。

宮崎県立西都原考古博物館には、埴輪をもとにした実物大の船の模型が展示されている。宮崎神宮にも当時の船を復元した船の展示がある。また糸島市立伊都国歴史博物館ならびに壱岐市立一支国《いきこく》博物館にも当時の船の実物大模型が展示されている。

## 陸行についての考察

一八〇〇年前の当時、どれくらいの距離を一日に歩いて移動できたかを考察しよう。

魏の国の客人は自分で歩いたと考えるが、輿《こし》が用意されて乗っていた可能性もある。輿は四名以上で腰のあたりで担ぐ方式だったと考えられる。平地ではそれなりに乗り心地は良いが、傾斜地・坂では水平を保つことが難しく運搬に困難をともない、また乗り心地も悪い。魏志倭人伝には倭国には牛馬がいないと書いてあるので、荷物は人が運搬していたことになる。兵士も同行して一行を護衛・案内していた。当時道は整備されておらず、今でいえば田んぼの畦道、または登山道のようなものであった。石が転がり、雨が降ればぬかるむ。魏志倭人伝の記載では邪馬台国の人は履物をはかず、はだしである。また川は大きな障害物になる。当時は橋が架かっていることはなかった。

現代の人は時速四キロメートルで歩くとされる。江戸時代、東海道を歩いていた旅人はやはり時速四キロメートルで、一日一〇時間四〇キロメートルを歩いたので、江戸・京都間を一〇日から二週間程度で歩き切った。

江戸時代に幕府が街道を整備し、およそ一〇キロメートル毎に宿泊場が整備されて、自分で食事の準備をする必要もなく宿泊場所も完備されており、金を払えば旅に関してはあらゆるものがそろっていた。しかし、一八〇〇年前の時代にはそのようなものが整備されてはいない。基本的に旅行はすべて自分たちで行わなければならない。

雨の日もあるので、毎日移動できるわけではない。一八〇〇年前の魏の使者と邪馬台国の同行者一行は一日にどれくらい歩けたのかを考えてみると、時速二・五〜四キロメートル程度ではないかと推測され、休憩を取りながら六時間ほど歩くと実質歩行時間は四〜五時間で一〇〜二〇キロメートル程度進んだ。宿泊地から次の宿泊地は一〇〜二〇キロメートル程度でなければならない。おそらく当時の街道沿いの集落を利用していた。

## 旅にとって重要である天候

特に雨は大敵となる。当時防水シート等はない。雨が降れば雨宿りができる場所または建物がなければ当然濡れる。濡れれば夏場でも体温・体力が奪われる。

また野宿は非常に危険である。今のようにテントがあるわけでもなく、防水防寒着などはない。雨が降れば人も、着衣も荷物もずぶ濡れになり大きなダメージとなる。おそらく荷物には木の板をかぶせて覆いその上を葦のような草で編んだ筵《むしろ》のようなものをかけて雨に備えていたと想像する。朝出発前に雨が降らないことを予想して出発する。半日程度であれば空を観察することで雨が降るかどうかは予想できる。雨が降りそうならば出発しない。大雨が降った場合、翌日晴れても道がぬかるんで旅行できない時もある。

水行の場合は風雨や急な嵐にも注意を払う必要がある。寒冷前線が通過すると急に風向きが変わり強い風が吹き、気温が急激に下がり激しい降雨がある。水行にとって寒冷前線は非常に危険である。したがって、できるだけ陸沿いを航行し、天候が急変する場合はすぐに船を海岸へ着けた。寄港地が二〇キロメートル毎に設けられているほかに、天候の急変に備えて臨時避難場所はそれぞれの沿岸で決めていた。また水行の場合、それぞれの寄港地で船を砂浜に陸揚げし、荷物も雨で濡れないように陸揚げして建物の中に保管した。翌朝またそれを船に積み込む。考えてみれば大変な作業であり、多くの人手を必要とする。

魏の使者の一行は夏の期間に邪馬台国を訪れたとされている。気象庁の資料によると福岡県と宮崎県は五月から一〇月にかけてそれぞれおよそ一カ月に一〇日間程度降雨がある。これは一日中雨が降っていたわけでなく一日の内に降雨があれば降雨日数と数えられることから、実際は昼の間は降雨がなかった等のことを考慮しても、一カ月の内一〇日弱は降雨で移動はできなかったと考えられる。

## 毎日のように移動してはいない

魏志倭人伝の次の文章を見れば、彼らが毎日のようには旅をしていなかったことが窺われる。持衰《じさい》という役割を持った人物が描かれている。

「渡海、中国にゆくには、いつも一人の男子に、頭を梳《くしけず》らず、しらみがわいてもとらず、衣服は垢で汚れ、肉を食べず、婦人を近づけず、喪人（喪に服している人）のようにさせる。これを持衰と名づける。もし行く者が吉善であれば、生口（どれい）や財物をあたえるが、もし病気になり、災難にあえば、これを殺そうとする。その持衰が不謹慎だったからだというのである」

旅行中に持衰が行えないことが数多く書かれているが、反対に持衰以外の旅行者はこれらを行えたことになる。旅行者が行うことができた行為は次のものになる。

・時々衣服を洗っていた
・時々身体も洗っていた

・肉を食べることができるのであるから、食事または食料を提供される施設が存在した当時の旅行ではすべて荷物は自分で運ばなければならない。着替え等を多く持っていたとは考えられない。せいぜい数着程度であろう。そのため旅行が長いと衣服を洗わなければならない。衣服を洗うとすぐには乾かないので、次の日に移動の予定がない日に衣服を洗い、丸一日かけて乾かした。

## 大きな障害となる川

一八〇〇年前に川に橋が架かっていたことはない。したがって川が浅ければ歩いて渡れるが、水深が深ければ船で渡らなければならない。浅瀬の場所を渡るために大きく迂回しなければならないこともあった。水深が浅くても魏からの客人とまた荷物を濡らさずに渡河することは大変な作業である。渡船が必要な時は荷物を船に乗せ対岸へ渡り、そこでまた荷物を降ろさなければならない。かなりの時間がかかる作業である。大雨が降ると川は増水して何日も渡ることができなくなることもある。

## 一八〇〇年前の旅についてのまとめ

・日の出から日の入りまで行動する
・一日六～七時間程度旅行する
・雨では旅行しない
・夏場、九州では一ヵ月に一〇日ほどの降水がある
・毎日旅行していない。休憩の日をとっている。実際に旅行したのは二日に一日程度
・水行では一日二〇キロメートル程度進む
・陸行では一日一〇～二〇キロメートル程度進む
・陸行では川は大きな障害になる
・水行では海岸沿いに一〇～二〇キロメートルごとに港・宿泊所が整備されていた
・陸行では一〇～二〇キロメートルごとに集落等を利用しそこに宿泊した

## 水行二〇日を検証する――九州の東海岸を航行した

実際の行程を検証する。「(不弥国から)南の投馬国に行くには水行二〇日」と記載されている。不弥国(現在の福津市・宗像市)から邪馬台国(宮崎市)への行程を考えると、船で九州東海岸を進み日南海岸の平らになったところを歩いて行くのが合理的だとわかる。関門海峡までは日本海を通り、現在の福岡県沖の響灘《ヒビキナダ》では天候次第で海はかなり荒れる。関門海峡を通過すると大分県の佐賀関までは瀬戸内海を進むことになる。内海なので比較的穏やかである。ここから大分県佐伯市までは豊後水道を進むことになる。時間によって流れは急であるがまだ海は比較的穏やかである。ここを過ぎると外洋の太平洋である日向灘になる。日向灘は天候によってはかなり荒れるので昔から海の難所として知られている。

当時の船の性能から見て一日に二〇キロメートル進むとしよう。すると福岡県福津市から大分県佐伯市まで九州の東海岸にはなぜか約二〇キロメートルごとに町が並んでいることがわかる。これは邪馬台国が整備した九州東海岸航路のための港であり、水夫たちの宿泊地であり航海に必要な様々な設備が備えられていて、水夫・兵士なども駐在していた。邪馬台国の高官等も奴国ならびに一大率がおかれていた伊都国への往復で頻繁に利用していた。いろいろな物資が伊都国および奴国から、これらの航路を利用して運ばれていた。邪馬台国が整備したと考えられるこれらの港・港町はその後、発展して現在の町になっている。

### 想定される寄港地

福津―遠賀―北九州―門司―行橋―豊前―中津―宇佐―豊後高田―国見―国東《クニサキ》―杵築―大分

順番に見ていく。

### 福津

福間町と津屋崎町が合併して現在、福津市になっている。玄界灘に面する福間には長い砂浜と海岸がある。津屋崎には河口を利用した港がある。津屋は港にある宿泊所等の設備である。

### 遠賀

福津から東に約二〇キロメートルで遠賀川《オンガガワ》の河口に着く。遠賀川は北部九州を流れる一級河川で、河口は当時の船にとって良い港であった。

### 北九州

さらに東に約二〇キロメートルで北九州に着く。ここは関門海峡の西からの入り口にあたり、ここを出港して潮待ちをして海流が西から東にかわった時点で一気に関門海峡を通過する。

### 門司《モジ》

門司は北九州市の東部にあり企救《キク》半島に位置している。関門海峡を挟んで本州への窓口にもある。

### 行橋

門司から関門海峡を東に抜けて瀬戸内海周防灘に入る。二〇キロメートルで行橋に着く。行橋には古代港、草野津《カヤノツ》があった。

### 豊前

行橋から南へ二〇キロメートル進むと豊前に着く。

宇佐神宮（筆者撮影）

## 中津

豊前から海岸沿いに七キロメートル進むと中津に着く。中津と津の文字が付いているので、ここは古くから港があったことがわかる。瀬戸内海周防灘に面しており、通常時は海は穏やかである。中津は慶應義塾大学の創始者、福沢諭吉の出身地として知られている。

## 宇佐

中津から海岸沿いに東に航海すると宇佐に着く。ここには有名な宇佐神宮がある。宇佐を邪馬台国の比定地としている研究者もいる。

筆者はここに邪馬台国の軍事拠点があったと考えている。宇佐は神武天皇が東遷した時に立ち寄っていることから、ここには何らかの重要拠点があった。

宇佐ならびに隣接する豊後高田に船を集結させるには好都合である。瀬戸内海に面しており海も穏やかで、瀬戸内海に船で行くには好適地である。宇佐・豊後高田から国東半島ならびに国東半島の沖にある姫島を経由して、瀬戸内海沿岸に向けて出航していた。

一方軍隊（陸軍歩兵）の駐留地でもあり、この駐留地がその後、宇佐神宮になったのではないかと考えている。現在の国道一〇号線は当時も道であり、この道を利用すれば北は門司・関門海峡、南は大分に行ける。軍事拠点であることはもちろん、物流の拠点でもあった。宇佐神宮は全国に約四万社ある八幡宮の総本社で、八幡宮は軍事の神となっている。本殿は国宝に指定されている。宇佐神宮はその後の大和政権の信頼が厚く、八世紀の称徳《ショウトク》天皇時代に道鏡を廃した宇佐神宮神託事件でも知られている。

## 豊後高田

宇佐の東に隣接している。豊後高田から時計回りに国東半島沿いに航海していく。国東半島は海岸線が断崖になっているところが多く、寄港できる場所がほとんどない。寄港できる場所はなぜか二〇キロメートル毎に続いている。これらは邪馬台国の時代に整備された寄港地で、その後発展して町になり現在にいたっている。また当時の船の性能で一日に航海できる距離が二〇キロメートル程度であったことに関係している。
宇佐と豊後高田は隣接しているので実際はどちらかに寄港した。

**国見**

宇佐・豊後高田から国東半島を時計回りに回って約二〇キロメートル進むと国見に着く。国見まで寄港できる場所はほとんど見当たらないので、魏の使者の一行は確実に国見に立ち寄った。国見には現在フェリーの港が二か所あり、沖にある姫島と山口県周南市徳山港とをそれぞれ結んでいる。

**国東**

さらに時計回りに進むとやはり断崖が続き、国東まで寄港できる場所がほとんどない。国見から国東まで海岸沿いに航海して約二〇キロメートルである。現在国東には漁港がある。魏の使者の一行はここにも確実に立ち寄った。

**杵築《キツキ》**

さらに時計回りに国東半島の海岸沿いを、まず南にその後西に進むと杵築に着く。現在はこのルート上に海上空港である大分空港がある。杵築には南側に別府湾に面し守江《モリエ》湾という小さな湾がある。魏の使者の一行もこの湾に寄港した。

## 投馬国《トマコク》は大分から始まる

杵築からは一気に別府湾を南へ進むと、約一五キロメートルで大分市に着く。天気さえよければ湾なので海は比較的穏やかである。海岸沿いを進んで大分に行くと航海の距離は三〇キロメートル以上になるが、横断すると航路が短くなる。大分市は人口約五〇万人で大分県の県庁所在地になっている。現在大都市になっている場所は古代においても人が多く住んでいたと考えられるので、大分市に投馬国があったと考える。ただし、ここは投馬国の北限であり、実際はここからが投馬国の領地が始まると考えられる。

投馬国について「南（行）して投馬国にいたる。水行二十日である。官を弥弥という。副（官）を弥弥那利という。五万余戸ばかりである」と記載されている。ここまで大分は福津から一一番目の寄港地にあたる（宇佐・豊後高田は一か所と考える）。二日に一日航海しておよそ二〇日目に到着したことになり、魏志倭人伝の記述と一致する。福津から大分までの海岸沿いの距離は約二〇〇キロメートルになる。

投馬国は現在の大分県南部から宮崎県の北部にあったと考える。五万余戸とあるのでかなりの人口があったことになる。推測だが各戸四人とすると人口二〇万人になる。国の領土も広さが必要であり、大きな平野に位置していた。現在の大分県南部と宮崎県北半分とすれば戸数五万戸としても矛盾はない。宮崎県北部の日向市に美々津という地名がある。また近くを耳川が流れている。第一章で示した通り投馬国の高官ミミとミミナリは地名として美々津ならびに耳川として残っている。宮崎県中央部の西都市に妻《ツマ》という地名がある。西都市妻を投馬国と比定する説がある。西都市妻は投馬国の首都であった可能性もある。西都市と邪馬台国の宮崎市は非常に近い。

また西都市には有名な西都原古墳群がある。西都市には宮崎県立西都原考古学博物館があり、宮崎県の多くの考古学的展示物がある。

郵便はがき

料金受取人払郵便

牛込局承認

9410

差出有効期間
2021年10月
31日まで
切手はいりません

162-8790

107

東京都新宿区矢来町114番地
神楽坂高橋ビル5F

株式会社ビジネス社

愛読者係 行

| | | |
|---|---|---|
| ご住所 〒<br><br>TEL: ( ) FAX: ( ) | | |
| フリガナ<br>お名前 | 年齢 | 性別<br>男・女 |
| ご職業 | メールアドレスまたはFAX<br><br>メールまたはFAXによる新刊案内をご希望の方は、ご記入下さい。 | |
| お買い上げ日・書店名<br>年 月 日 | 市区<br>町村 | 書店 |

ご購読ありがとうございました。今後の出版企画の参考に致したいと存じますので、ぜひご意見をお聞かせください。

# 書籍名

お買い求めの動機

1　書店で見て　　2　新聞広告（紙名　　　　　　　　　　）

3　書評・新刊紹介（掲載紙名　　　　　　　　　　）

4　知人・同僚のすすめ　　5　上司、先生のすすめ　　6　その他

本書の装幀（カバー），デザインなどに関するご感想

1　洒落ていた　　2　めだっていた　　3　タイトルがよい

4　まあまあ　　5　よくない　　6　その他(　　　　　　　　　　)

本書の定価についてご意見をお聞かせください

1　高い　　2　安い　　3　手ごろ　　4　その他(　　　　　　　　　　)

本書についてご意見をお聞かせください

どんな出版をご希望ですか（著者、テーマなど）

## 水行一〇日を検証する――佐伯で上陸して陸行へ移った

「(投馬国から）南の邪馬台国へ行くには水行一〇日・陸行一月」と記載がある。

筆者は現地を訪れて魏の使者の一行がどこへ寄港したか、また水行一〇日を終えてどこから陸行へ切り替えたかを確認した。その結果、魏の使者の一行は大分から佐伯へと海岸に沿って、一日二〇キロメートル航海したと考える。二日に一日航海したとして一〇日目に五番目の寄港地、佐伯に到着する。魏志倭人伝の水行一〇日の記載に一致する。

佐伯から日豊海岸が延岡まで続く。この日豊海岸はリアス式海岸で、日本の三大リアス式海岸となっている。あとの二つは有名な岩手県の三陸海岸と三重県の志摩半島から和歌山県の紀伊半島にかけての海岸である。日豊海岸もリアス式海岸の特徴通り、山が海に迫り湾の水深は深い。

佐伯から延岡にいたる行程は当時、水行か陸行どちらを利用したかの判断は難しいところであるが、佐伯から先は山がそのまま海に入り込む地形となっており、現在も海岸沿いに細い道が整備されているだけで、町村等の集落がほとんど見当たらない。一八〇〇年前は道すらなかったと思われ、陸からは近づけない。

リアス式海岸なので小さな湾が続いており、海は非常に穏やかである。岬を回る時は多少注意が必要であるが、航海するのには快適な場所である。しかし舟屋・津屋を設ける場所もほとんどなく、また設けても陸からの補給ができない。佐伯から延岡までの海路六〇～七〇キロメートルは三日から四日の航海日数を要する。当時、防水シート等の装備はなく、天候の変化特に雨が降ると危険である。邪馬台国の軍隊の船あるいは貨物を運搬する船であれば佐伯を出港するときに三日分以上の食糧を積んで行き、夜は湾の奥に停泊して航海を続けることは可能である。しかし湾内に停泊していて嵐が来ると船は海岸の崖に打ち付けられて破壊される。このような危険を避けるために、船は一気に一昼夜～二日程度で漕ぎ切ったことも考えられる。軍隊とか専門の運搬船部隊であれば可能であるが、魏の使者の一行の場合、大雨や嵐が来れば遭難する可能性が高い。やはり陸を行くのが安全である。

佐伯まで来れば投馬国の領土であり人手は十分にある。邪馬台国からも兵士等人手は十分に確保できる。佐伯から延岡へ陸を通った場合かなりの山道を進まねばならず、また昔から交通の難所といわれている宗太郎峠を越えなければならないが、安全を考慮して陸を通ったと想定する。

想定される寄港地を具体的に見てみると次のようになる。

佐賀関―臼杵―津久見―保戸島―佐伯

## 佐賀関は通過できるか

大分から佐賀関半島の北海岸沿いに東に進む。佐賀関の対岸の四国佐田岬との間には豊予《ホウヨ》海峡がある。距離にして一五キロメートル程であるが、豊後水道が一気に狭まり潮の流れが非常に速く航海の難所として知られている。現在はこの急な流れの中で育った関サバ・関アジが有名である。

佐賀関半島は三角形の形をしており、約一五キロメートル東側の海に突き出ている。半島の北側の海は穏やかで、当時の船で航海するのに何ら問題はない。豊予海峡に突き出した佐賀関半島の先端を回るのはかなり困難である。佐賀関半島の先端から西に約三キロメートル、大分から一七キロメートルのところに小さな湾があり佐賀関港となっている。半島の南側にも先端から約三キロメートルのところに小さな湾があり、佐賀関漁港となっている。佐賀関半島はこの二つの湾によってくびれている。この二つの湾の間のくびれた部分の距離は約五〇〇メートルで、この間は比較的平坦で小さな街並みがある。当時の船はおそらく北側の湾で荷物と人を降ろして船を漕ぐ船員だけの空舟を岬の先端に回し、潮の流れを見て潮が北から南へ変わったとき一気に岬の先端を越えたと考える。
空舟は南側の湾に回し、そこで再び荷物と人を積み込んで航海を続けた。佐賀関を通過するのに一〜二日、潮の流れの具合によってはそれ以上かかった。

**臼杵**
佐賀関半島南側の佐賀関漁港から半島の南側に沿って一五キロメートル程度で臼杵に着く。海は比較的穏やかである。臼杵には現在フェリーの港がある。

**津久見**
臼杵市からは東に突き出た長目《ナガメ》半島を回る。ここからリアス式海岸が始まる。一〇キロメートル進み半島の先端を回り、西にさらに一〇キロメートル程度の航海で津久見に着く。

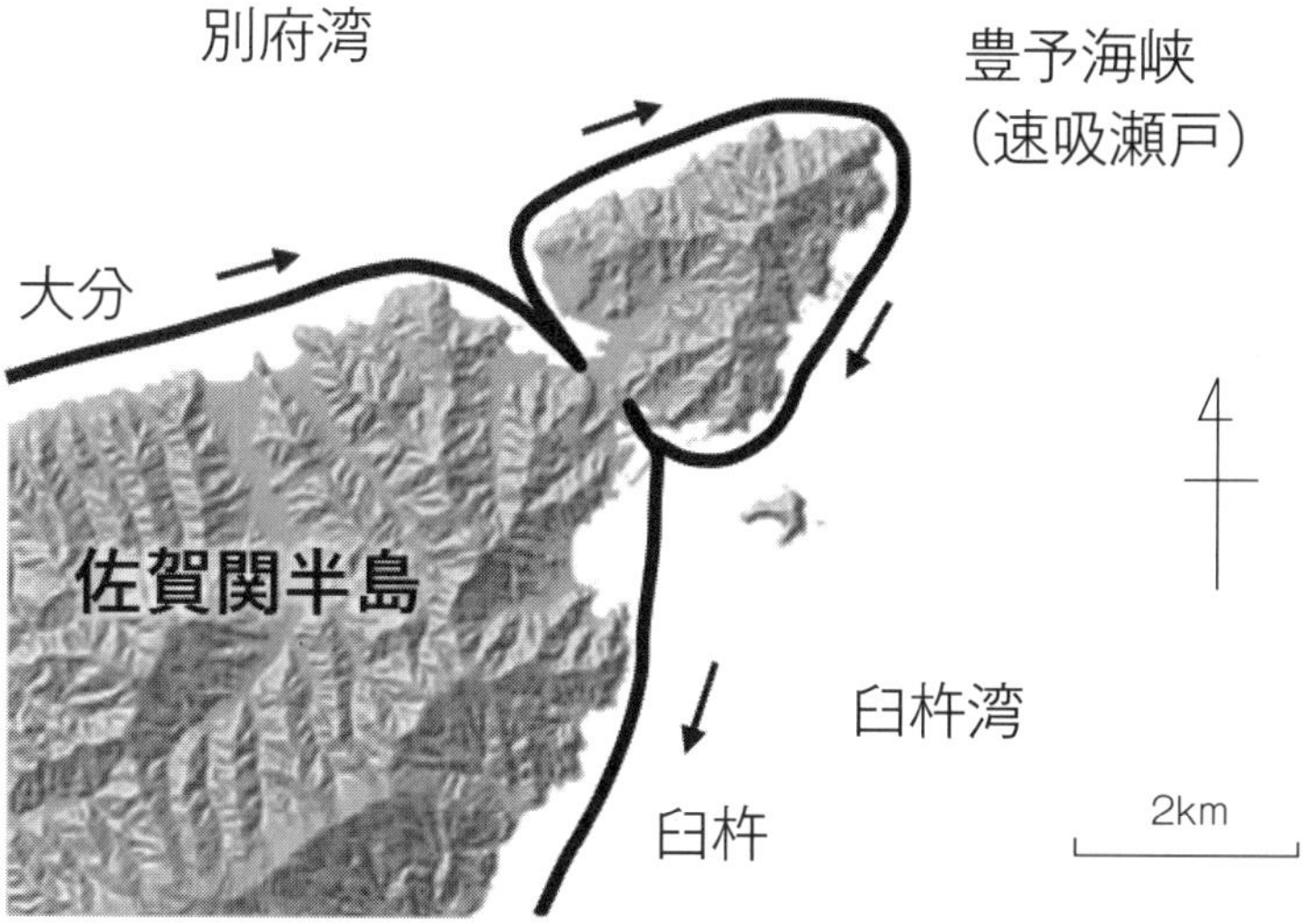


佐賀関半島の地図（地理院地図を用いて筆者作成）

豊予海峡（速吸瀬戸）
佐賀関半島先端の関崎から。左手奥は四国の佐田岬、右手は高島、手前は関埼灯台（筆者撮影）

## 保戸《ホト》島

津久見からは東に突き出た四浦半島沿いに進むことになる。津久見から半島の先端まで約一五キロメートルあり、寄港地に最適な保戸島がある。保戸島は四浦半島の突端に浮かぶ周囲四キロメートルの小島であるが、明治時代に始まったマグロ漁がその後発展し、マグロの遠洋漁業の基地となって繁栄し、現在に続いている。保戸島からはフェリーで津久見港と連絡している。

津久見市観光協会のホームページには次のように載っている。

「保戸島の名前の由来は、景行《ケイコウ》天皇が美しい海藻に感動し、『最勝海藻《ホツメ》の門《ト》』と名付けた名前の最初と最後をとって『保戸島』になったといわれています」（出典は豊後国風土記）。

景行天皇は第一二代の天皇で邪馬台国卑弥呼の時代から一五〇〜二〇〇年後と推定される。天皇が立ち寄るため、ここには港とそれにともなう津屋・舟屋のような宿泊設備が整っていた。邪馬台国が整備したのであろうが、その後も使われていた。

佐伯

保戸島からは四浦半島の南海岸沿いに南西に航海し、二〇キロメートル程進むと佐伯市に着く。通常であれば湾は穏やかで航海に支障はない。佐伯からは陸行に移った。

## 陸行一月を考察する——最大の難所は宗太郎峠越え

前述の通り、佐伯からは陸行に移ったと考える。佐伯からは当時の街道を進むことになる。佐伯から宮崎県に通ずる街道は山中を進むことになる。前述の通り海岸線には道がなかったためと考えられる。この街道はその後も使われ、現在の国道一〇号線になったと考えている。想定される通過地点、宿泊地点は十数か所になる。佐伯・延岡間は宗太郎峠を通って道沿いに約七〇キロメートル、延岡から宮崎市までは道沿いに約九〇キロメートルあり、佐伯から宮崎市まで約一六〇キロメートルある。この一六〇キロメートルを二日に一日程度旅行して、一月で踏破したことになる。

想定される宿泊地・立ち寄り地は次の通り。

佐伯—宗太郎峠—延岡—門川—日向—美々津—都農《ツノ》—川南—高鍋—西都（妻）—都於郡—新名爪—宮崎　邪馬台国

### 佐伯—宗太郎峠—延岡

現在の国道一〇号線のもとになった当時の街道を進むことになるが、佐伯から延岡までは山間部を道がくねくねと蛇行しており道沿いに進んで約七〇キロメートルある。宗太郎峠は現在の大分県と宮崎県の県境にある標高約二六〇メートルの峠で、昔から交通の難所として知られている。魏の使者の一行にとっても最大の難所となっていた。山間部に入ると現在でもほとんど集落がない。

現在、国道一〇号線に沿ってＪＲ九州の日豊本線が通っている。山間部に入ってから日豊本線には直見・直川・重岡・宗太郎・市棚・北川の駅があり、これら駅の周りには集落がある。

一八〇〇年前、この山間部に集落があったとは考えにくいが、この道は宮崎（邪馬台国）と大分（投馬国北部）を結ぶ重要な街道になる。現在でこそバイパス等が整備されているが、当時、佐伯と延岡を結ぶのはこの街道しかなかった。邪馬台国は博多（奴国）と一大率を置いている糸島（伊都国）等へ物資、軍隊・兵士を送らなければならず、往来が頻繁にあった。おそらく現在のＪＲ九州日豊本線の駅があるあたりに、物資運搬者・旅行者・軍隊・兵士のために邪馬台国又は投馬国が整備した小屋のようなものがあっただろう。また魏の使者の一行のため邪馬台国は新しく仮宿泊所を設営したことも考えられる。

この区間では四～五か所の宿泊地で五～七日かけて通過した。

### 延岡

延岡は宮崎県北部の都市で、現在は世界有数の化学会社・住宅建設会社である旭化成株式会社の企業城下町となっている。延岡まで来れば日向灘に沿って海沿いを進むことができる。現在の国道一〇号線になった当時の街道を南へ進む。今回は陸行を考察しているが、佐伯と延岡間にも邪馬台国の航路があり、延岡には港があった。

## 門川

延岡から南へ一五キロメートル進むと門川に着く。門川は日向灘に面し漁業が盛んで漁港がある。邪馬台国の重要な港でもあった。

## 日向

門川から五十鈴川を渡って南に八キロメートル進むと日向に着く。日向は古来より宮崎を指す地名で、現在ここに日向市として地名を残している。

## 美々津

さらに南へ八キロメートル進むと、耳川を越えて美々津に着く。投馬国の官ミミの名前が耳川ならびに美々津に残る。津という地名であるので、港であり邪馬台国の重要な港の一つであった。美々津は江戸時代に宮崎航路の中継港として栄えた町で、現在古い町並みが保存されている。神武《ジンム》天皇は東征の際、美々津から船出をしたとの伝承がある。またこの伝承がもととなり美々津は海軍発祥の地とされ、耳川の河口の立磐《タテイワ》神社に「日本海軍発祥の地」の碑が建てられている。

耳川河口
神武天皇が東遷の際にこの地から出航したとの伝承がある。（筆者撮影）

### 都農

南へ一三キロメートル進むと都農に着く。ここには神武天皇が東征の際に立ち寄ったとの伝承がある都農神社がある。

### 川南

南へ七キロメートル進むと川南に着く。宮崎平野の中心にあり、農業が盛んな地域となっている。

### 高鍋

さらに南に五キロメートル進み小丸川を渡ると高鍋に着く。現在は宮崎県の中核都市の一つとなっている。江戸時代は秋月氏

都農神社（筆者撮影）

の治める高鍋藩の城下町であった。

## 西都

高鍋から内陸部へ南西に一三キロメートル行くと西都に着く。西都には妻《ツマ》という地名があり、ここを投馬国と比定する研究者も多い。また西都を邪馬台国と比定する研究者もいる。ここには投馬国の拠点があったと考えられ、魏の使者の一行が立ち寄った。数日滞在して饗応・宴会が取り行われた。

## 都於郡

西都から南へ五キロメートル進むと都《ト》於《ノ》郡《コオリ》に着く。トシゴリの本拠地である。トシゴリは卑弥呼の使者として魏の都まで行き、魏の

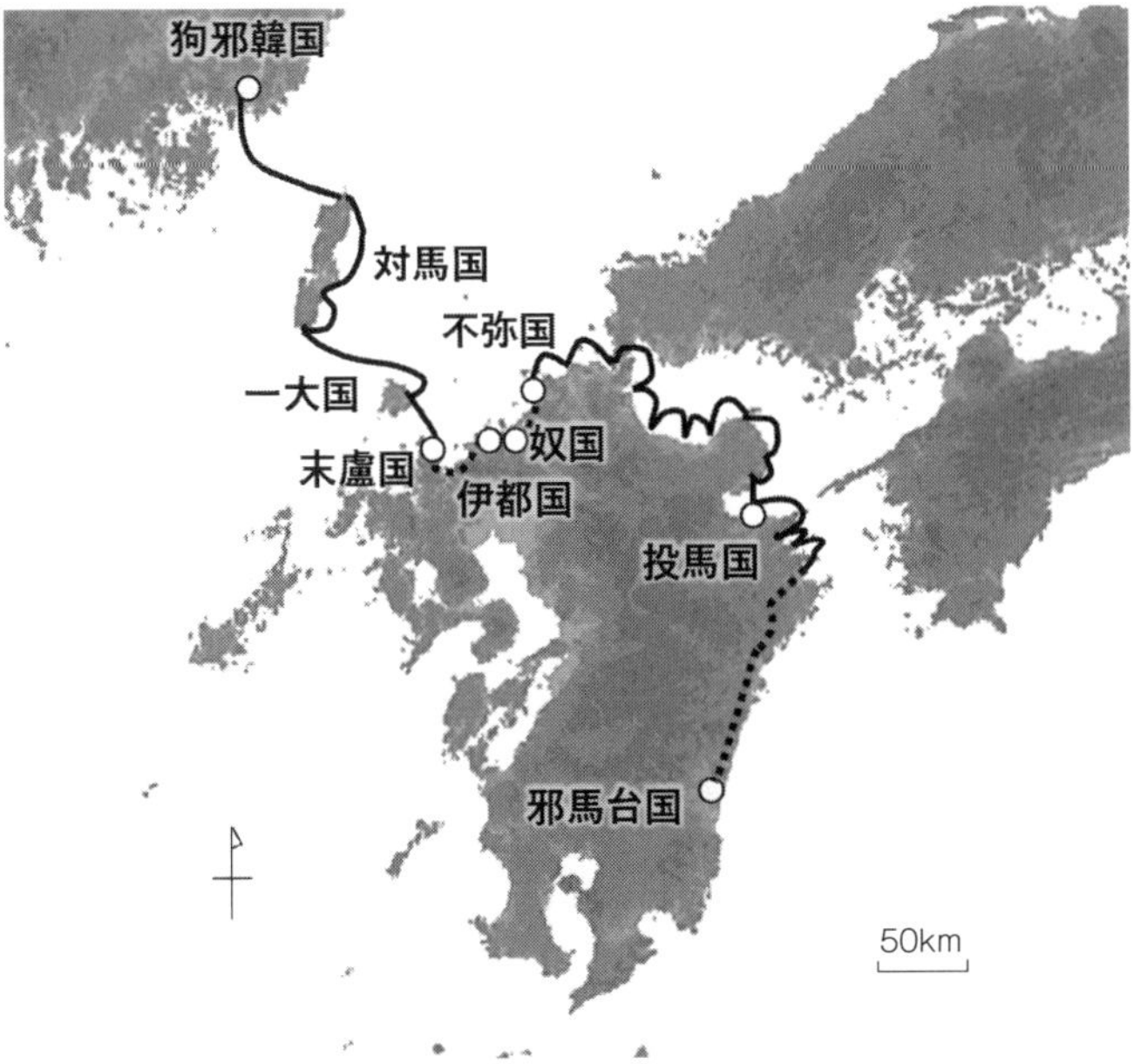


行程の地図（狗邪韓国～邪馬台国）（地理院地図を用いて筆者作成）

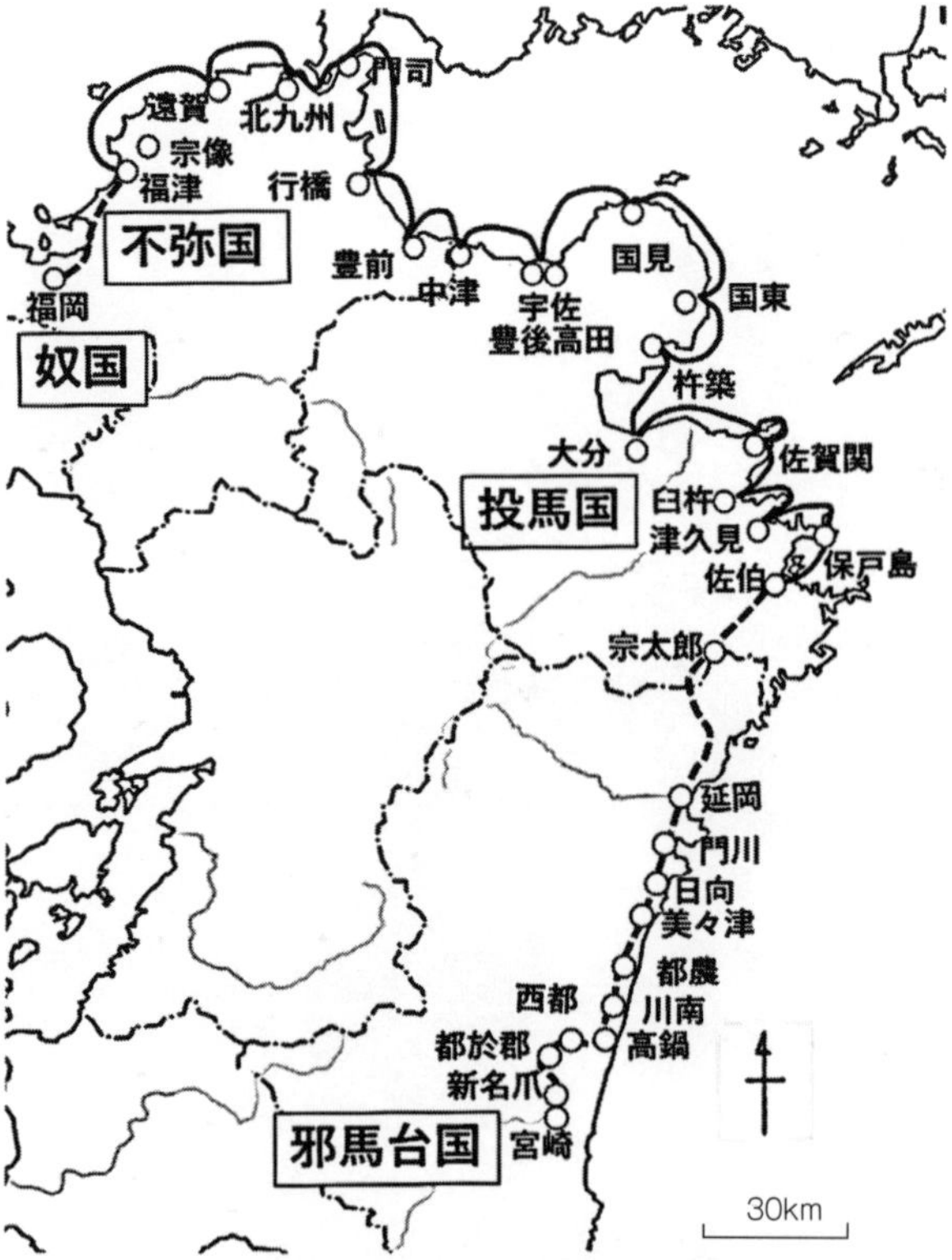


行程の地図（奴国～邪馬台国）
（地理院地図を用いて筆者作成）

皇帝に拝謁している。当然、魏の使者の一行を大歓待した。

新名爪

南に九キロメートル行くと新名爪に着く。ナシメの本拠地である。ナシメも卑弥呼の使者として魏の都まで行き、魏の皇帝に拝謁している。ここでも魏の使者の一行を大歓待した。新名爪から宮崎市の中心部まで約五キロメートルである。

## 魏志倭人伝の行程の記載は正確

「(不弥国から)南へ水行二〇日で投馬国に至る」

「(投馬国から)南へ水行一〇日陸行一月邪馬台国に至る」

という魏志倭人伝の記載について、これまでの考察によって合理的に説明できたと考える。

水行の場合、平均すれば二日に一日すなわち一日船で進むと一日休む割合で行われた。実際、水行二〇日で進んだのは一〇日程度で、一日二〇キロメートル進むと想定して約二〇〇キロメートルになる。福津から大分まで想定寄港地は一一か所あり(宇佐・豊後高田は一か所とする）、海岸沿いに約二〇〇キロメートルある。また同様に次の水行一〇日のうち、実質旅行日五日で一〇〇キロメートル進む。大分から佐伯までの想定寄港地は五か所ある。

陸行の場合は集落ごとをたどって移動していた。十数か所の宿泊地を経由し、各宿泊所で一～三泊程度して一日一〇～二〇キロメートル進み、一月かけて佐伯から宮崎市にあった邪馬台国まで一六〇キロメートルを陸行した。

ここまでで邪馬台国の場所を特定するのに大きな問題となっていた行程の謎を明確に解き明かしたと考える。今までこの行程についてはさんざん議論されてきたが、本章によって、魏志倭人伝に記載されている邪馬台国の行程は方位・距離・日程すべてが正しいことが証明された。

第四章

# 邪馬台国の条件

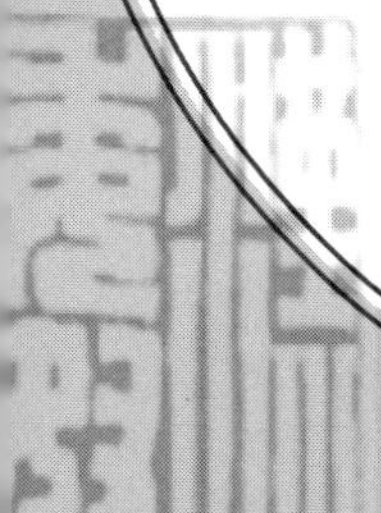

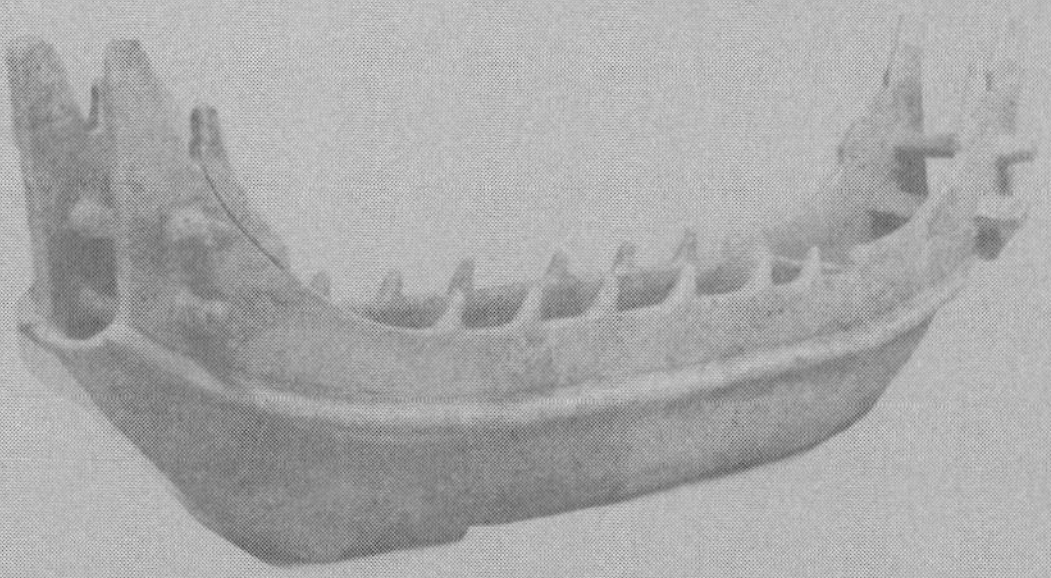

## 魏志倭人伝が記載する邪馬台国の条件

魏志倭人伝は邪馬台国に関するさまざまな情報を、詳しく記載している。第一章で邪馬台国は宮崎市にあったと比定できることを示した。さらに、宮崎市が魏志倭人伝の他の記載と矛盾がないかを検証する。

邪馬台国への行程については第三章で詳しく考察した。邪馬台国に関する行程以外の記載をまとめると次のようになる。

・投馬国の南にあり戸数は七万戸
・東に海があり一〇〇〇里海を渡ると倭種の国がある
・南に連なる島がある
・周航五〇〇〇里の島である
・会稽《カイケイ》東《トウ》治《チ》の東にある
・温暖である
・真珠・青玉を（産）出する

以下に順番に見ていこう。

## 邪馬台国は投馬国の南にあり戸数は七万戸

投馬国を現在の大分市と比定した上で、投馬国の範囲について考える。

投馬国のあった大分市から邪馬台国のあった宮崎市まで水行一〇日陸行一月とあり、この間に国の名前が記載されていないことから、この両国は隣接していた。第三章で示した通り、投馬国は大分市以南の大分県と西都市以北の宮崎県と考えられる。当時、明確な国境という概念はなかったが、投馬国と邪馬台国の境界は西都市の南を東に向かって流れる一ツ瀬川の支流、三財川とそれが合流して日向灘にそそぐ一ツ瀬川本流を国境と考える。投馬国の首都はミミの名前が残っている日向市美々津あたりにあった。

邪馬台国の範囲は、その南側の宮崎県南部と鹿児島県であった。鹿児島が邪馬台国の領土であった根拠は第六章で述べる。

魏志倭人伝には魏の使者が訪れた国々について戸数の記載がある。奴国二万戸、投馬国五万戸、邪馬台国七万戸とある。奴国は福岡市を中心に広がっていて、その戸数二万戸を基準として考えると、投馬国が大分市以南と宮崎県の北半分で戸数五万戸、各戸四人として人口二〇万人、邪馬台国が宮崎県南半分と鹿児島県で戸数七万戸、各戸四人として人口二八万人は想定される範囲にある。邪馬台国の場所を論ずるのに、投馬国戸数五万戸、その南の邪馬台国戸数七万戸が問題になっているが、本書で示す投馬国と邪馬台国の位置と範囲では合理的に説明できる（邪馬台国と他の国々の範囲は一四七頁参照）。

## 東に海があり一〇〇〇里海を渡ると倭種の国がある

「女王国の東、海を渡ること千余里、また国有り。みな倭種である」と魏志倭人伝に記載されている。邪馬台国が宮崎市にあるとすると、東側に日向灘・太平洋が広がり、魏志倭人伝の記載と一致する。真東ではないが北東方向に一五〇キロメート海を渡ると四国がある。一〇〇〇里（七五〜一〇〇キロメートル）よりは少し距離がある。

宮崎市の海岸からは四国は見えない。魏の使者の一行が九州の東海岸を海岸沿いに航海して来たとき、国東半島・佐賀関・佐伯あたりからは四国が見える。佐賀関半島の関崎から四国の佐田岬半島の先端まで約一五キロメートルであり、佐伯から対岸の四国まで約六〇キロメートルである。魏の使者の一行は実際に東側の陸地である四国を見て確認しながら航海をしていた。

## 南に連なる島

「また侏儒《コビト》国がその南にあり、人のたけ三、四尺。女王を去ること四千余里。また裸国・黒歯国がその東南にある。船で一年がかりでつくことができる」と魏志倭人伝に記載がある。邪馬台国は港を有し、海に面していた。また南に続く島々と考えられる記載があり。邪馬台国が宮崎市にあれば、これらの記載は種子島・屋久島・大隅《オオスミ》諸島・吐噶喇《トカラ》列島・奄美大島さらに沖縄まで行っていた可能性を示している。四〇〇〇里というと三〇〇〜四〇〇キロメートルに当たる。佐多岬から奄美大島まで約四〇〇キロメートルまた沖縄まで六〇〇キロメートルである。また当時の船の性能から一日五時間程度漕ぎ二〇キロメートル程度、一昼夜二〇〜二四時間漕ぎ続けて一〇〇キロメートル航行するのが限界であった。したがって、直接これらの国へ行くことはできないので、宮崎市の港を出て青島・志布志《シブシ》湾と大隅半島を陸に沿って南下し、大隅半島最南端佐多岬から種子島へ航海した。

邪馬台国の勢力範囲は大隅半島まで及んでいた。大隅半島を西に越えると鹿児島湾へ着く。

距離にして約二〇キロメートル程度である。大隅半島東岸を勢力範囲に入れているならば西側鹿児島湾も勢力範囲にあり、さらに薩摩半島全域に邪馬台国の勢力が及んでいた。邪馬台国の勢力範囲は南九州一帯に及んでいた。

この時代には奄美大島・沖縄で産出するごぼうら貝を使って装飾品である貝輪が作られ、日本中広く使用されていた。遠くは北海道からも貝輪が発見されている。それを示すように、沖縄には貝を産出していた遺跡がある。このことから考えて、邪馬台国の船乗りは沖縄まで行っていた可能性がある。

沖縄まで一年間かかって着くとあるので、往復では二年になる。これはかなりゆっくりしたペースで、途中の各島々に長く滞在しながら航海を続けたことになる。当時の船はオールで漕いでいたことを考えると、かなり困難な航海であったことが想像できる。

南に連なる島は邪馬台国が宮崎市にあったことを支持している。

## 周航五〇〇〇里の島

「倭地を参問《てらしあわせたずねる》するに、海中洲島の上に遠くはなれて存在し、あるいは絶えあるいは連なり、一周五千余里ばかりである」と魏志倭人伝に記載がある。これは九州一周を描写したことだと考えられる。特に九州西海岸の島々の風景を描写したものであれば実際とよく符合する。薩摩半島沿いに北上すると天草諸島に行き着く。さらに北上して島原半島・西彼杵《ニシソノギ》半島・平戸島の東を通過すると北松浦半島さらに東松浦半島と続き、末盧国《マツロコク》に達する。五千余里（三七五～五〇〇キロメートル）は実際の距離約一〇〇〇キロメートルに比べて短いが、大きく矛盾はしない。この記載は邪馬台国九州説を強く支持している。

## 会稽東治の東

「その道里を計ってみると、ちょうど会稽東治《トウチ》の東にあたる」と魏志倭人伝に記載がある。邪馬台国は会稽東治から東の方向にあるとしている。会稽東治は現在の江蘇《コウソ》省蘇州《ソシュウ》市付近との説がある。この場合、蘇州市から見て宮崎市の方向はほぼ東にあたる。邪馬台国の位置を当時の知識でかなり正確な地理的感覚で把握していたことになる。

## 倭の地は温暖

「倭の地は温暖で、冬も夏も生野菜を食べる。みなはだし」と魏志倭人伝に記載がある。これは南部九州宮崎市に一致する。宮崎市は一年を通じて温暖といえる。気象庁ホームページによれば、宮崎市の気温は一年を通じて温暖で、冬でも最低気温は〇度を下らない。冬もはだしで歩くことはできる。

## 真珠・青玉・丹

「真珠や青玉が産出される。山には丹がある」と魏志倭人伝に記載されている。

『真珠の世界史』（山田篤美、中央公論新社）には、三世紀ごろの九州は真珠の生産地であり、特に鹿児島湾・志布志湾では真珠を産出していたと記載されている。また南の島々奄美大島・沖縄へも行っていた記載があることから、これらの地域からも真珠を得ていたと考えられる。

海に潜って漁をする記載が二か所ある。

「（人々は）好んで魚や鰒《あわび》を捕らえ、水は深くても浅くても、みなもぐってとる」

「いま倭の水人は、好んでもぐって魚や蛤を捕らえ、体に入墨して大魚や水鳥の危害をはらう」

これは当時、潜水漁法が盛んで、今でいう海女漁が行われていたことを示している。前述したように、邪馬台国の範囲は宮崎県南部から大隅半島・薩摩半島・鹿児島湾に及んでいたと考えられ、これらの地域を支配下に置いていたことから、真珠を産出していたと考えられる。

青玉は青い色の石であるが、具体的にはヒスイの可能性がある。厳密には邪馬台国の範囲すなわち九州ではヒスイは産出しない。よく知られているように、日本では富山県糸魚川《イトイガワ》で産出する。すでに三世紀の日本ではヒスイは広く流通しており、多くの古墳等から勾玉《まがたま》として発掘されている。当時の邪馬台国でも入手可能な物質であった。

『邪馬台国は「朱の王国」だった』（蒲池明弘、文春新書１１７７）によると、丹は朱すなわち水銀鉱石辰砂《しんしゃ》のことであり、当時の日本、九州では丹・朱が産出していたとある。山には丹があることに一致している。

魏志倭人伝に記載された邪馬台国の条件と邪馬台国が宮崎市にあったことは全く矛盾しない。これは邪馬台国が宮崎市にあったことを強く示している。

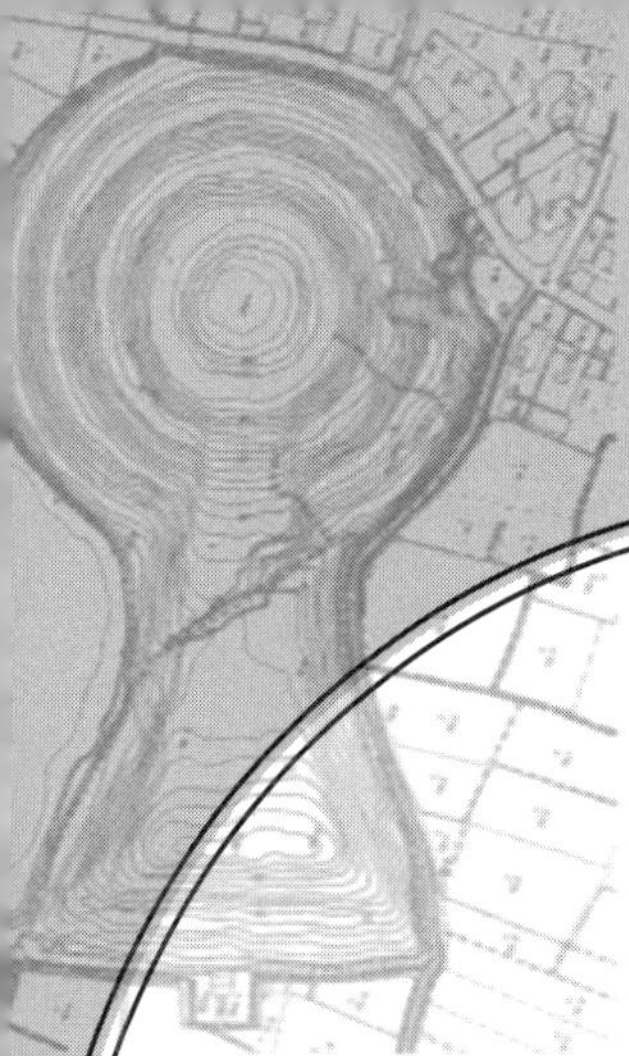

# 第五章

# 邪馬台国の範囲

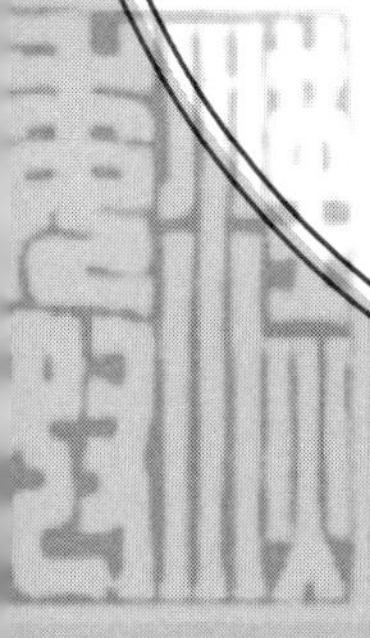

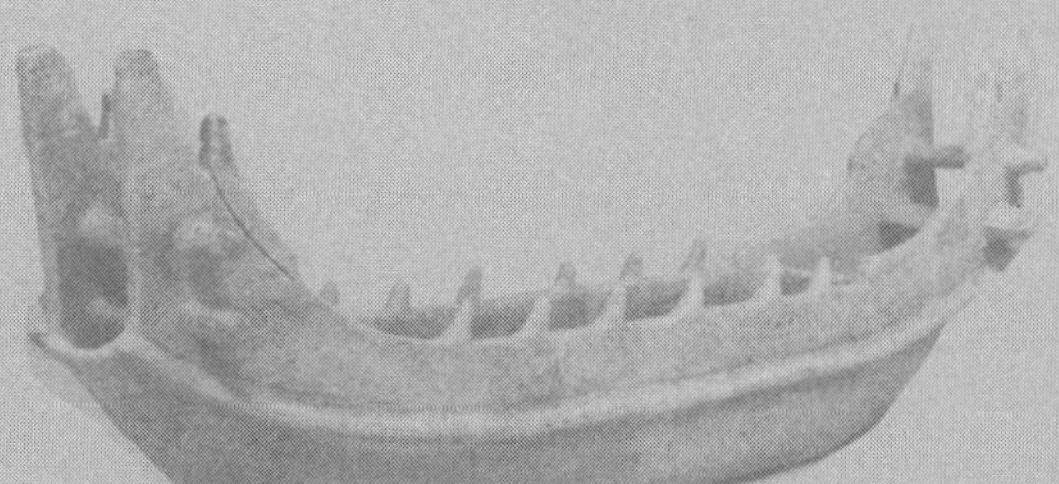

## 邪馬台国と他の国々の範囲

ここで邪馬台国とその他の国々について、位置とその範囲について確認しておく。

・対馬国　　　　対馬
・一大国　　　　壱岐
・末盧国　　　　東松浦半島　唐津
・伊都国　　　　糸島半島
・奴国　　　　　福岡　博多

については多少異論も存在するが、広く認められている。

・不弥国を福津・宗像と比定した
・投馬国の範囲は現在の別府湾から南で、現在大分県と宮崎県北部。邪馬台国との境界は三財川と一ツ瀬川あたり
・邪馬台国の範囲は現在の宮崎県南部と鹿児島県

・邪馬台国に属する国々は島原半島・佐賀平野・筑紫平野に点在していた。詳しくは次の節で説明する
・狗奴国の範囲は現在の熊本県、後の節参照
地図は一四七頁に示す。

## 魏志倭人伝に記載されている国々の名

魏志倭人伝には邪馬台国に属する国々の名が記載されている。その次に女王に属さない国の記載がある。国々の名を現在の地名と比定してみた。無理な比定を行っても意味がないので、多くの人に納得してもらえる範囲で判断した。

比定を判断する基準は、第二章で用いたレーベンシュタイン距離の標準化の値が〇・五以下で検索した。

対馬国は長崎県対馬、一大国（一支国）は長崎県壱岐、末盧国は佐賀県松浦半島、伊都国は福岡県糸島市、奴国は福岡市博多の那津に比定されている。

これらは多くの人が認めるところとなっている。魏志倭人伝の記載が非常に正確で、かつ多くが現在の地名として残っていることがわかる。魏志倭人伝に記載されているその他の国々も、正確に記載されている可能性がある。しかしながら、これらの国々は現在の都市と比定されているわけではない。記載が正しいものとして、また現在まで地名が残っているものとして、これらの国々を探してみることとした。

### 現代語訳

女王国から北は、その戸数や道里はほぼ記載できるが、それ以外の辺旁の国は遠くへだたり、詳しく知ることができない。

つぎに斯《シ》馬《マ》国《コク》あり

つぎに已《イ》百《ワ》支《キ》国《コク》あり

つぎに伊《イ》邪《ヤ》国《コク》あり

つぎに都《ト》支《キ》国《コク》あり

つぎに弥《ミ》奴《ナ》国《コク》あり

つぎに好《ヲ》古《カ》都《ダ》国《コク》あり

つぎに不《フ》呼《コ》国《コク》あり
つぎに姐《サ》奴《ナ》国《コク》あり
つぎに対《ト》蘇《ス》国《コク》あり
つぎに蘇《サガ》奴《ナ》国《コク》あり
つぎに呼《オ》邑《ギ》国《コク》あり
つぎに華《カ》奴《ナ》蘇《サ》奴《キナ》国《コク》あり
つぎに鬼《キ》国《コク》あり
つぎに為《イ》吾《ゴ》国《コク》あり
つぎに鬼《キ》奴《ナ》国《コク》あり
つぎに邪《ヤ》馬《マ》国《コク》あり
つぎに躬《ク》臣《ジ》国《コク》あり
つぎに巴《ハ》利《リ》国《コク》あり
つぎに支《キ》惟《ク》国《コク》あり
つぎに烏《ア》奴《ナ》国《コク》あり
つぎに奴《ナ》国《コク》あり

これは女王の境界の尽くる所なり
その南に狗奴国《クナコク》があり
男子を王とする。その官に狗古智卑狗《クコチヒク》がある。女王に属さない。

## 佐賀県に広がる国々

邪馬台国が宮崎市であるとすれば、これらの国々は女王国から遠絶していると書かれていることから、宮崎市から離れた場所に存在することになる。「女王国より以北は、その戸数・道里は得て略載すべきも、その余の旁国は遠絶にして得てつまびらかにすべからず」とある。「女王国より以北は、その戸数・道里は得て略載すべきも」の国々は魏の使者が通ってきた国々であり、すなわち、これらは対馬国・一大国・末盧国・伊都国・奴国・不弥国、投馬国を指す。「その余の旁国は遠絶にして得てつまびらかにすべからず」の「その余の旁国」は斯馬《シマ》国《コク》以下の二十か国であり、魏の使者一行は訪れていない。奴国は初めに出てくる奴国と同じである。

魏の使者一行は奴国（現在の博多）から不弥国《フミコク》まで陸路で行き、不弥国から船に乗り九州の東海岸を海岸伝いに南下した。不弥国から邪馬台国の間に投馬国しか記載がない。すなわち九州の東海岸には投馬国以外に国がなかったことになる。ここで国々の名前と現在の地名を比定する場合、九州東海岸の都市・地名は外した。

安本美典氏も指摘しているように、トスコク・サガナコク・オギコク・カナサキナコク・キコクという佐賀県の地名に似ているものが並んで出てくる。すなわち、

トスコクは佐賀県鳥栖《トス》市
サガナコクは佐賀県佐賀《サガ》市
オギコクは佐賀県小城《オギ》市
カナサキナコクは佐賀県神埼《カンザキ》市
キコクは佐賀県基山《キヤマ》町

と比定できる。これらの比定はレーベンシュタイン距離の標準化の値が〇・五以下を満たしている。

邪馬台国のある宮崎市からこれらの国に行くには、大まかに大分市を通り、筑紫平野を西に

進んで行くことになるが、順番に東から西に並んでいるものと思い見てみると、トスコク・サガナコク・オギコク・カナサキナコクとなっている。しかし実際は東から鳥栖市・神埼市・佐賀市・小城市と並んでいて、順番は正確でないことがわかる。

これは、邪馬台国からシマコクを通ってナコクへ行く道を正確にたどっているものではないと判断される。邪馬台国に近いほうからシマコクがあり順に並んでいるものと考えていたが、順番は邪馬台国からの距離の近さではない。これは九州北部の地域ごとに四から五か国ずつまとめて記載されていることに気づいた。

## 島原半島にある国々

### シマコクは島原——イワキコク・イヤコク・トキコクについて

シマコクだけではわからないので、次またその次を見てみる。すると、イワキコク・イヤコク・トキコクと続く。九州の地名を調べてみると、長崎県島原半島に時津《トキツ》町がある。トキコクを時津と比定できることから、シマコクは島原ではないかと気づいた。邪馬台国である宮崎市から一番遠いところから書き始めていることになる。島原半島その近辺でイワキコクとイヤコクを探す。イヤコクは島原半島にある諫早《イサハヤ》市であると比定した。イワキコクは伊万里《イマリ》市ではないかと思うも、伊万里とイワキのレーベンシュタイン距離の標準化の値が〇・五以下の条件を満たさないので比定を見送る。

## その他の国々の比定地

### ヤマコクは八女《ヤメ》市

ヤマコクを佐賀県周辺で探す。佐賀県には見当たらないが、佐賀県の南に隣接する福岡県八《ヤ》女《メ》市が見つかる。ヤマコクを八女市と比定する。

福岡県南西部に位置し熊本県に隣接する。西暦五二七年に起こった大和政権に対する反乱「磐井の乱」の中心地である。伝統工芸と八女茶で知られる。

### クジコクは玖珠《クス》町

クジコクを佐賀県付近で探すも、適当な比定地が見つからない。広く探すと大分県に玖珠《クス》町が見つかった。クジコクは大分県玖珠町と比定した。

## ハリコクは杷木《ハキ》町

玖珠町から福岡県へ進むと旧杷木町がある。ハリコクは福岡県旧杷木《ハキ》町と比定した。邪馬台国が宮崎市だとすると、邪馬台国から北部九州の奴国《ナコク》へ至る道程上に位置する。杷木町は二〇〇六年に朝倉町・甘木市と合併し現在は朝倉市となっている。

## アナコク

アナコクも邪馬台国から北部九州の奴国《ナコク》へいたる道程上に位置するとして探すと、福岡県朝倉市甘木《アマギ》が見つかる。しかし甘木とアナコクはレーベンシュタイン距離の標準化の値が〇・六六となるので比定を見送る。

## ナコク

奴国は前出の福岡県博多にある奴国と同一であると考える。クジコク（玖珠市）ハリコクは杷木《ハキ》町と続き、奴国へ続く道程となる。宮崎市の邪馬台国から見て福岡市博多に位置する奴国は、宮崎市から直線距離で約四〇〇キロメートルとなり、また九州の北限にもあたり「女王の境界のつきるところである」の記載に合致している。

ミナコク・ヲカダコク・フココク・サナコク・イゴコク・キナコク・キクコクについては、比定地が見つからなかった。

**邪馬台国に属する国の比定地一覧**

| | |
|---|---|
| 斯馬国《シマコク》 | 長崎県島原市《シマバラ》 |
| 已百支国《イワキコク》 | 不明 |
| 伊邪国《イヤコク》 | 長崎県諫早市《イサハヤ》 |
| 都支国《トキコク》 | 長崎県時津町《トキツ》 |
| 弥奴国《ミナコク》 | 不明 |
| 好古都国《ヲカダコク》 | 不明 |
| 不呼国《フココク》 | 不明 |
| 姐奴国《サナコク》 | 不明 |

| | |
|---|---|
| 対蘇国《トスコク》 | 佐賀県鳥栖《トス》市 |
| 蘇奴国《サガナコク》 | 佐賀県佐賀《サガ》市 |
| 呼邑国《オギコク》 | 佐賀県小城《オギ》市 |
| 華奴蘇奴国《カナサキナコク》 | 佐賀県神埼《カンザキ》市 |
| 鬼国《キコク》 | 佐賀県基山《キヤマ》町 |
| 為吾国《イゴコク》 | 不明 |
| 鬼奴国《キナコク》 | 不明 |
| 邪馬国《ヤマコク》 | 福岡県八女《ヤメ》市 |
| 躬臣国《クジコク》 | 大分県玖珠《クス》町 |
| 巴利国《ハリコク》 | 福岡県旧杷木《ハキ》町、現在は朝倉市 |
| 支惟国《キクコク》 | 不明 |
| 烏奴国《アナコク》 | 不明 |
| 奴国《ナコク》 | 福岡県福岡市 |

邪馬台国の国々は島原半島、佐賀平野、筑紫平野に広がっている可能性が高い。

邪馬台国と国々の範囲（地理院地図を用いて筆者作成）

①シマコク・島原
②イヤコク・諫早
③トキコク・時津
④オギコク・小城
⑤サガナコク・佐賀
⑥カナサキナコク・神埼
⑦トスコク・鳥栖
⑧キコク・基山
⑨ヤマコク・八女
⑩ハリコク・杷木
⑪クジコク・玖珠

最初の四か国は、長崎県島原半島付近にまとまってある。次の四か国は不明である。次のイゴコクを除く五か国は佐賀県に広がっている。大分県から福岡県、佐賀県、長崎県の北部九州に位置していることがわかる。邪馬台国を宮崎市とすると、これらの国は宮崎市から見て、かなり遠方に位置している。魏志倭人伝の記載「女王国より以北は、その戸数・道里は略載すべきも、その余の旁国は遠絶にして得てつまびらかにすべからず」と一致しており、まったく矛盾がない。魏の使者は奴国を除き、これらの国々には行っていない。

## 狗奴国《クナコク》は熊本

狗奴国は次のように記載されている。ここは非常に重要な部分なので、再度、現代語訳を記載する。

### 現代語訳

「女王国より以北は、その戸数や道里はほぼ記載できるが、それ以外の辺傍の国は遠くへだたり、詳しく知ることができない。（中略　二〇の国々の名が記されている）

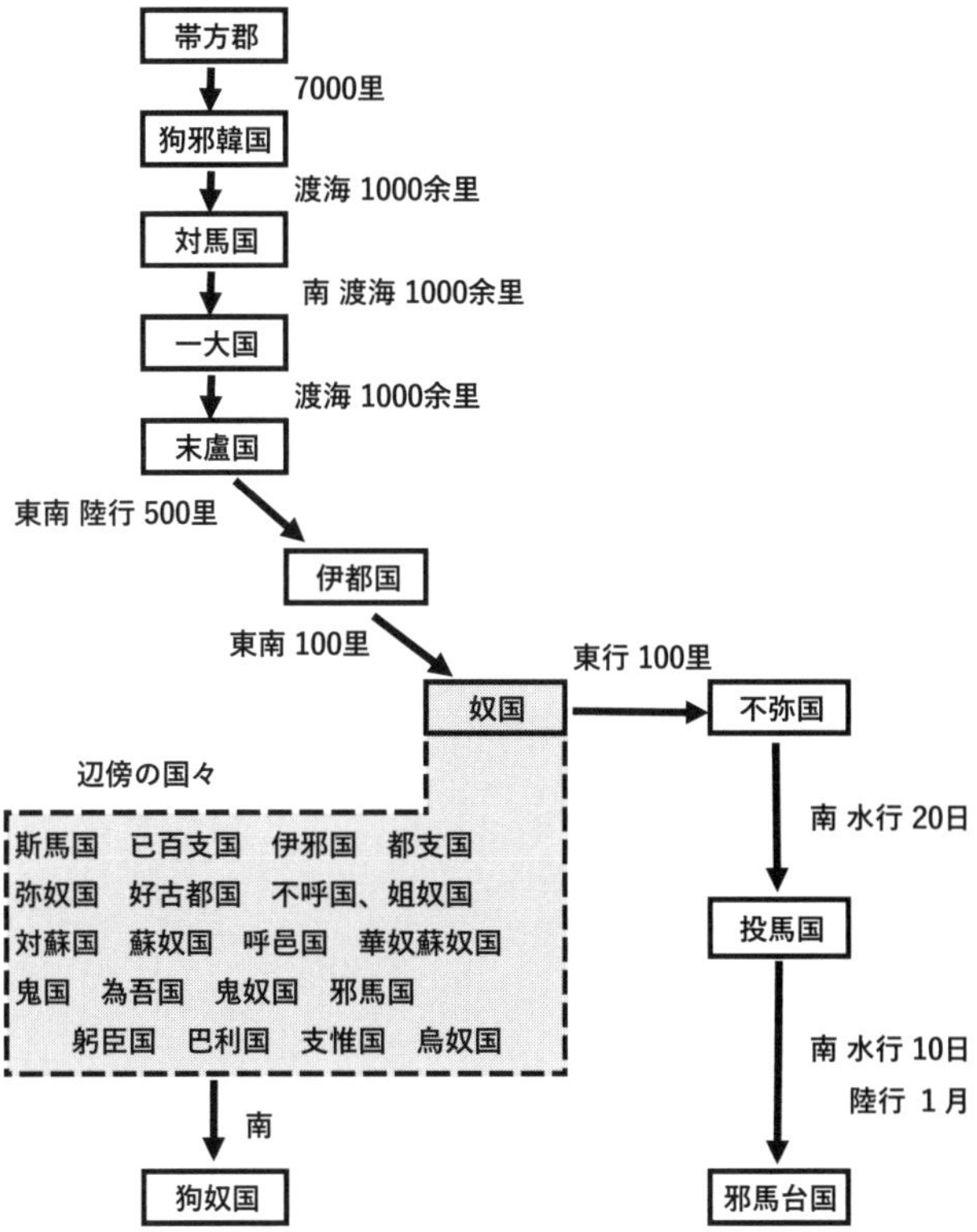


邪馬台国と国々の位置関係

次に奴国あり。これは女王国の境界の尽きるところである。その南に狗奴国《クナコク》あり。男子を王とする。その官に狗古智卑狗《クコチヒク》がある。女王に属さない」

「その南」の「その」が何を指すのかは、この文脈から見て、その前に記載されている国々、すなわち島原半島・佐賀平野・筑紫平野に位置している邪馬台国に属する奴国を含む二一の国々を指していると考えられる。宮崎市の邪馬台国そのものを指すものではないことは、そのまま読めば理解できる。したがって、佐賀平野・筑紫平野の南に位置するのは現在では熊本県にあたり、狗奴国は熊本県にあり、その首都は熊の本である熊本市と比定される。そこに王がいて王の下にいた官であるクコチヒクがいた。第一章で示した通り、クコチヒクは熊本県北部に菊池市ならびに山鹿市鞠智《ククチ》城《ジョウ》という地名に残っている。

## 現在の高速道路に残る国々の名

これらの国を地図の上に記している とき面白い発見をした。それは多くの国々の名前が高速道路上のインターチェンジ、ジャンクション等に残っていることである。

九州自動車道を北から見ていく。
キコク・基山町　基山パーキングエリア
ヤマコク・八女市　八女インターチェンジ
クナコク・熊本市　熊本インターチェンジ

大分自動車道を東から西へ見ていく。
クジコク・玖珠町　玖珠インターチェンジ・サービスエリア
ハリコク・杷木町　杷木インターチェンジ
トスコク・鳥栖市　鳥栖ジャンクション

鳥栖ジャンクションから長崎自動車道を西へ進むと鳥栖インターチェンジがある。さらに西へ進むと、
トスコク・鳥栖市　鳥栖インターチェンジ
カナサキナコク・神埼市　東背振　神埼インターチェンジ

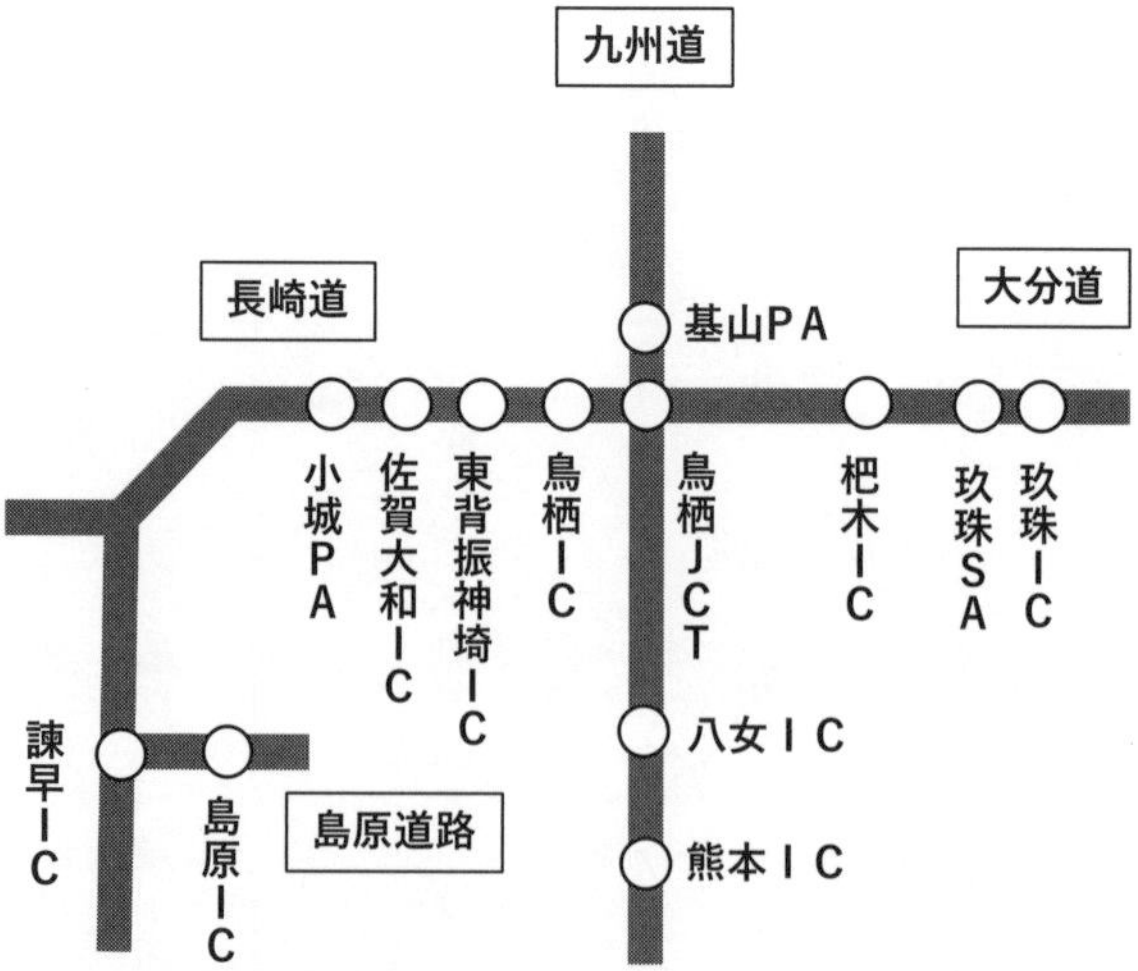


高速道路に残る国々の名

高速道路標識（筆者撮影）

サガナコク・佐賀市　　佐賀大和インターチェンジ
オギコク・小城市　　小城パーキングエリア
イヤコク・諫早市　　諫早インターチェンジ
島原半島の島原道路（がまだすロード）
シマコク・島原市　　島原インターチェンジ

記載されているクナコクを含む二一国の内一一の国の名前が、現在の高速道路に残っていることになる。

## 国々の名前が高速道路に残る理由

中国の正式な歴史書に記載されている一八〇〇年前当時の日本の地名が現在の都市名に引き継がれその多くが高速道路上のインターチェンジ等に残っている。これは不思議な話である。これの理由を合理的に考えると当時、国と国を結ぶ道があった。その道はその後も使われ続け

吉野ヶ里遺跡（筆者撮影）
吉野ヶ里はカナサキナコクに比定できる。

街道となり、明治以降整備され現在は国道になっていると考えられる。ほとんどが舗装され自動車が通り多くの人と物とが行き来している。邪馬台国の国々はその後も発展し現在の都市になった。その国道に沿ってこれらの都市を結ぶ高速道路が建設された。そしてその主要部分に都市の名前が付いた施設がもうけられている。その名前が一八〇〇年前の中国の書物に残っている。このように考えると合理的な説明になる。また別の見方をすると地名の年代耐性は非常に強いことになる。また別の見方では一八〇〇年前の中国の正史である魏志倭人伝の記載は非常に正確であることの証明にもなる。

また一八〇〇年前に中国の歴史書に記され

ている国々はその後発展して現在の都市に引き継がれている。邪馬台国もその後発展して宮崎市という大都市になった。

## 吉野ヶ里遺跡は神埼国

安本美展氏も指摘しているように吉野ヶ里遺跡は神埼市にあることからカナサキナコクと比定できる。当時魏志倭人伝の記載通りカナサキナコクと呼ばれていたのではなく、現在に残る地名から神埼国《カンザキコク》または神埼の国《カンザキノクニ》と呼ばれていたと考えられる。

## ヤマトという地名

ヤマトという地名は大和、山都、山門、倭という字があてられ全国各地に存在するが、九州では次のところにある。

長崎県佐世保市大和町

佐賀県佐賀市大和町　蘇《サガ》奴《ナ》国《コク》
佐賀県鳥栖市山都町　対《ト》蘇《ス》国《コク》
福岡県春日市大和町
福岡県柳川市大和町
福岡県福岡市西区上山門
福岡県みやま市瀬高町山門
熊本県山都町
宮崎県宮崎市大和町　邪馬台国

これらのヤマトという地名は邪馬台国が国々を傘下に置いたときヤマトという地名を贈ったか、強制的に付与したものと考えている。ヤマトの地名は主に佐賀平野・筑紫平野にあり今回比定地が特定できなかった国々はこれらの中にあるのではないかと考えている。

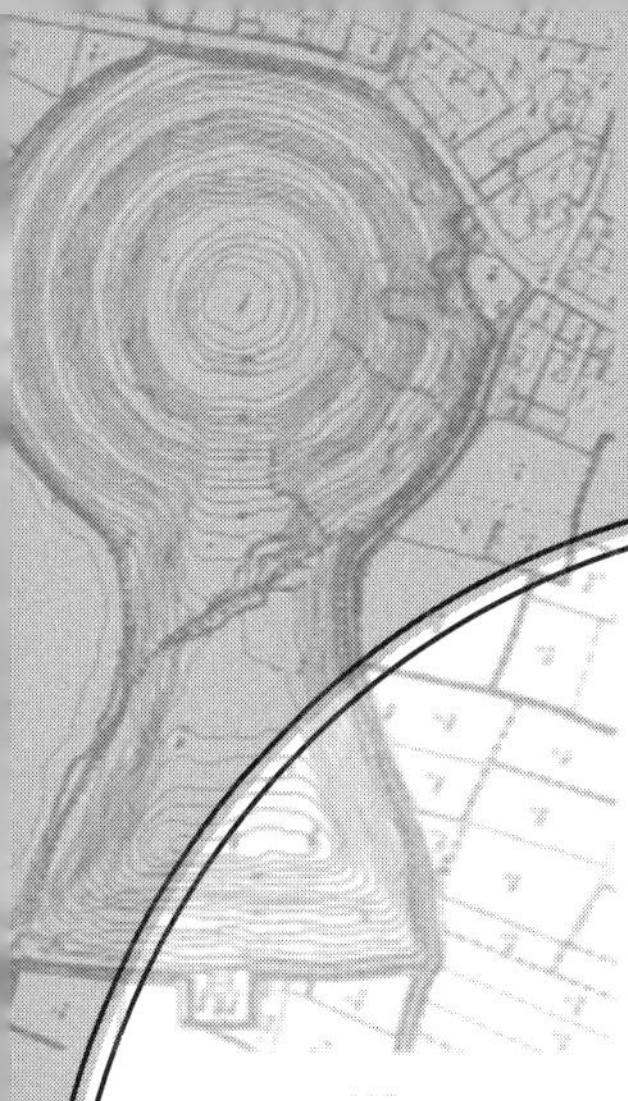

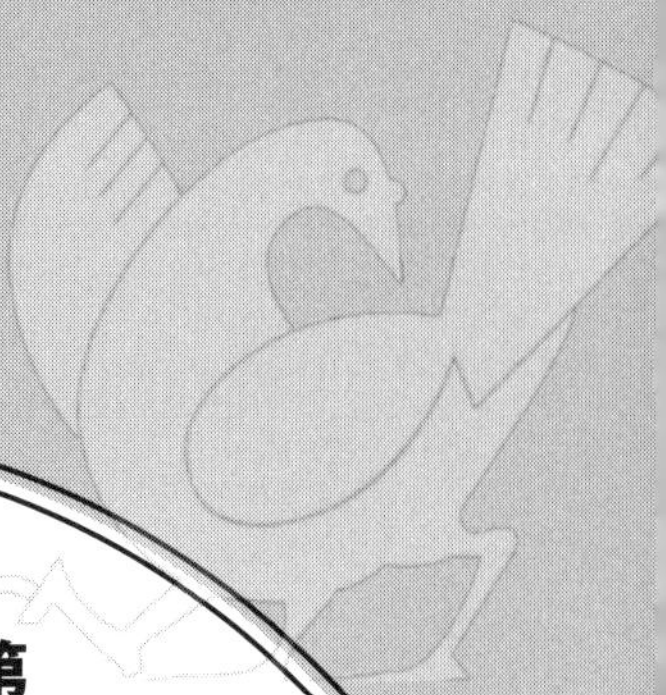

# 第六章

# 古事記・日本書紀と魏志倭人伝を比較する

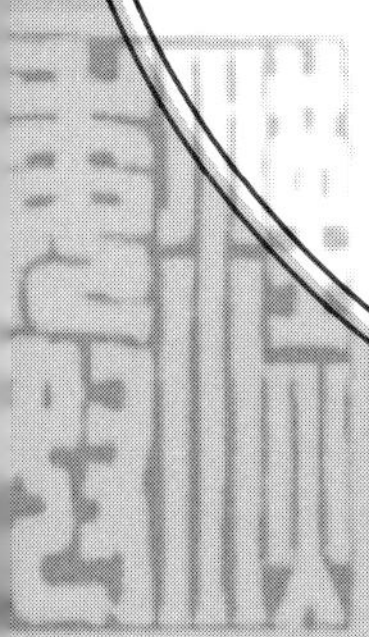

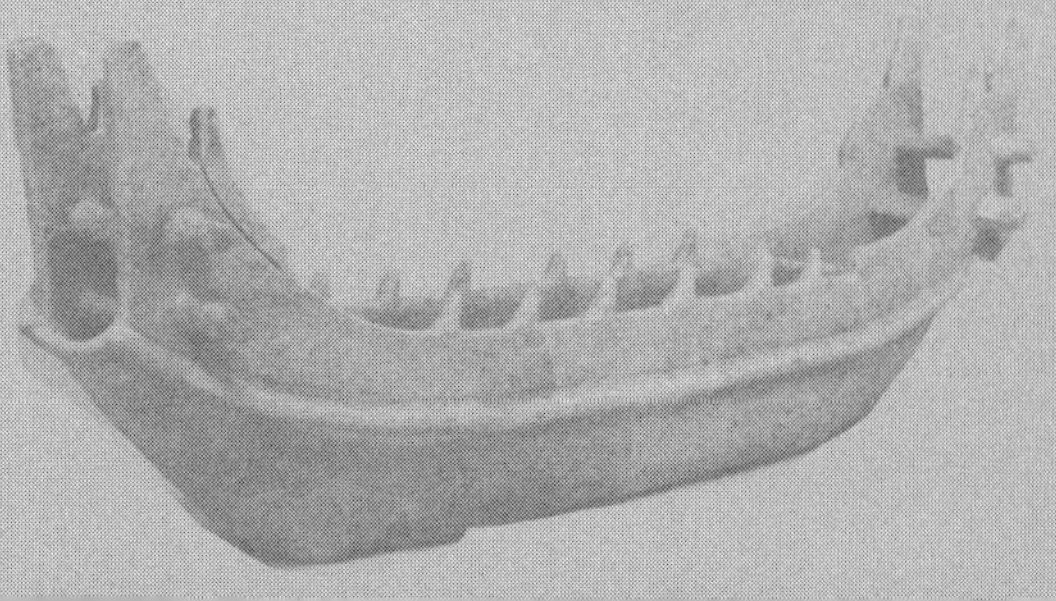

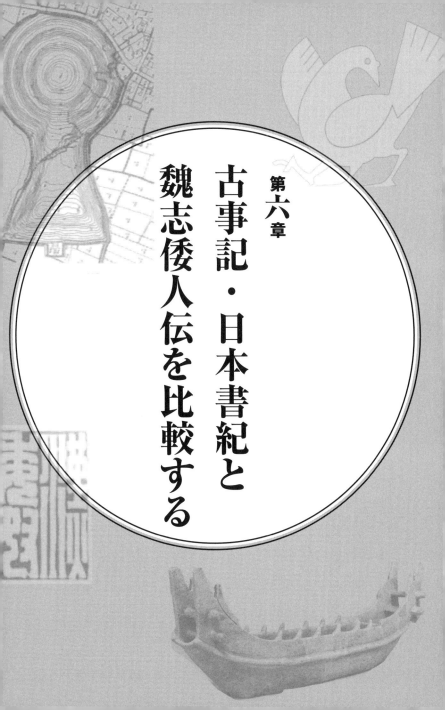

## 比較できる科学的根拠

古事記・日本書紀（記紀）と魏志倭人伝の比較を試みる。安本美典氏の研究により、記紀の天照大神の活躍する年代と魏志倭人伝の卑弥呼が活躍する年代がほぼ重なることが科学的に示されている。

安本美典著「邪馬台国東遷説の新展開」（『古代史一五の新説』宝島社）によると、同氏の研究方法は次の通りである。

・奈良時代以前の在位が歴史的に確実な諸天皇について調べ、三〇〇年以上の期間、天皇の平均在位年数は一一年足らずで安定している。

・古事記・日本書紀の伝えるすべての天皇が実在したと仮定する。

・天照大神は初代天皇である神武天皇の五代前にあたる。

・統計的に推定すると天照大神の活躍時代と卑弥呼の活躍時代がほぼ重なる。

また本書にて、邪馬台国が宮崎市にあった可能性が科学的に示された。記紀の最初の部分すなわち東遷する前の大和政権の前身は宮崎が舞台となっている。記紀と魏志倭人伝の記載対象が時間的ならびに地理的に一致することが初めて示された。またここで初めて記紀と魏志倭人伝を比較することができる科学的根拠が示された。

## 大和政権の前身と邪馬台国は同一か

前節から、東遷前の大和政権の前身と邪馬台国は同一であることが想定される。

記紀は日本の歴史書であり、また神話とも考えられている。記紀に記載されていることは全くの作り話・創作物語ではなく、何らかの歴史的事実をもとに描かれている可能性がある。一方、魏志倭人伝は中国王朝の正史であるので、ほぼ歴史的事実が書かれている。記紀に記載されている大和政権の前身は実際に存在し、歴史的事実であった可能性が高くなる。

記紀には魏志倭人伝に描かれている奴国・伊都国・投馬国などは出てこない。また倭国大乱にあたるような記載もない。一方、記紀に登場する出雲は魏志倭人伝には出てこない。記紀の記載と魏志倭人伝の記載は視点が違っている。しかしながら、これらの記載内容を相互補完することによって、邪馬台国の実像と大和政権の前身の実像を浮かび上がらせることができる。魏志倭人伝および記紀の記載する事象を検証してみた。

## 卑弥呼は天照大神と同一か

卑弥呼と天照大神はほぼ同時期に同じ場所で活動していたが、はたしてこの両者が同一であるかを検証する。卑弥呼を天照大神とする研究者はいる。

卑弥呼と天照大神の名前には共通点はないが、他の点でいくつかの共通点を持っている。両方とも女王である、弟がいて補助していたこと等々である。

天照大神は日本の最高神とされている。記紀では天照大神から神武天皇につながっている。神武天皇は天照大神の五代後にあたり、宮崎から東遷して初代天皇となる。一方、卑弥呼は「夫婿《ふせい》なく」と記載されている。夫婿がいないので子どもはいなかった。

また記紀には女王は天照大神しか登場しないが、魏志倭人伝には卑弥呼と台与の二名の女王が登場する。歴代の天皇は神武天皇の子孫であり、天照大神の子孫となっている。一方、卑弥呼には子どもがいないことから歴代の天皇の祖先ではない。この違いから卑弥呼と天照大神は同一ではないと考えている。

魏志倭人伝と記紀の限られた資料しかないなかで、卑弥呼と天照大神の関係は慎重に検証さ

狭野神社（筆者撮影）

れなければならない。

## 高天原はどこにあったか

高天原《タカマガハラ》は、記紀に記されている神々の住んでいた場所とされる。高天原には多くの神々（天津神）が住んでいた。記紀では、伊邪那岐命《イザナギノミコト》は天照大神に高天原を治めるように指示している。そして天照大神の指示で孫の邇邇芸命《ニニギノミコト》が天降り（天孫降臨）、葦原中国《アシハラノナカツクニ》が平定された。邇邇芸命が天降ったとされる霧島連山の中に、高千穂峰が含まれている。この高千穂峰そのものが山岳信仰の対象とされている。この峰の南側の麓《ふもと》、鹿児島県霧島市には霧島神宮があり、また北側の麓には宮崎県高原町《タカハルチョウ》がある。

この高原町が高天原のモデルになった場所と筆

者は考えている。というのは、タカマガハラとタカハルのレーベンシュタイン距離は三となり、レーベンシュタイン距離の標準化の値は〇・五となり、互いに類似性があることが示されるからである。高原町が高天原との説は古くからある。

邪馬台国の宗教施設が高原町にあったので、通常、邪馬台国の王・女王は宮崎に居住していたが、年に何度かは宗教儀式のために高原町を訪れていた。その宗教施設が霧島神宮であり、また高原町にあった滞在施設が現在の狭野《サノ》神社になった。狭野神社は神武天皇が生誕した場所との伝承もある。

筆者は邪馬台国のもともとの発祥地は現在の高原町および小林市であったと考えている。高原町・小林市その隣のえびの市には、地下式横穴墓が多く存在する。邪馬台国は一世紀ごろに宮崎平野に進出して、その後、首都を現在の宮崎市に移した。これらのことが記紀では、高天原という神々が住む場所として記載されたと考えている。

## 高千穂が二か所にある理由

宮崎県には、記紀に記される天孫降臨の地とされる高千穂という場所が二か所存在する。一

高千穂神社（筆者撮影）

霧島神宮（筆者撮影）

か所は宮崎県南部の霧島連峰の中にそびえる高千穂峰であり、もう一か所は県北部の高千穂町である。なぜ二か所に高千穂があるのかは古来より謎とされており、今まで明確な理由が説明されたことはない。本書で邪馬台国が宮崎市にあることを示したが、このことにより高千穂が二か所にあることの理由が説明できる。

邪馬台国の時代の九州では山岳信仰が行われており、それが現在まで引き継がれている。南を見れば、活火山である桜島には鹿児島神宮があり、高千穂峰の麓には霧島神宮がある。また福岡県と大分県の境には山岳信仰で知られる英彦山《ヒコサン》があり英彦山神宮がある。これらは山自体が信仰の対象となっており、山には神宮という最高格式の神社があることから、後の大和政権にとっても重要な信仰の対象となっていた場所であった。九州最大の火山、阿蘇山には阿蘇神社がある。高千穂峰は邪馬台国の聖地であった。

一方、高千穂町は宮崎県北部に位置し、町から東に向かって五ヶ瀬川が流れ、約四〇キロメートル下流の河口には延岡市が位置する。延岡市から南へ約三〇キロメートルには美々津・耳川がある。高千穂町は邪馬台国の北側にあった投馬国の領土内となる。約一〇〇〇メートルの高地にあり、もともとは投馬国の山岳高地信仰の聖地で、その信仰対象の施設・建物があった。それらはその後、現在の高千穂神社・天岩戸《アマノイワト》神社等になった。三世紀中ごろにはまだ投馬国として存在しているが、すでに邪馬台国から官としてミミが派遣されている。その後、投馬国は完全に邪馬台国に吸収されることになる。そうなると投馬国を吸収した拡大邪馬台国は二か所の聖地を持つことになる。邪馬台国が投馬国を傘下に収めた時、投馬国を改宗させて邪馬台国の神々を祀り、聖地に同じ高千穂という名前をつけたと考えている。そしてそのまま現在まで引き継がれて、その結果高千穂が二か所に存在している。

## 天孫降臨

天孫降臨とは、天照大神の孫すなわち天孫である邇邇藝命が、天照大神の命により葦原中国《アシハラノナカツクニ》を治めるために、高天原から「筑紫の日向の高千穂の久士布流多気《クジフルタケ》」に天降ったことを指す。邇邇藝命は天津神の神々を連れて、高天原から地上へと向かう。途中、国津神の猿田毘古神《サルタヒコノカミ》が案内をした。邇邇藝命は「この地は韓国《カラクニ》に向かい、笠沙《カササ》の岬まで真の道が通じていて、朝日がまっすぐ射す国、夕日のよく照る国である。だからこの地はとても良い地だ」と言って、そこに大きな宮殿を建てて住んだ。

天孫降臨の地はどこか。その議論が続いている。霧島連峰の高千穂峰が有力であるが、宮崎県北部の高千穂町という説もある。記紀が記す天孫降臨は、魏志倭人伝が記す邪馬台国が伊都国に一大率《イチダイソツ》を設置したことを象徴的に表していると考える。魏志倭人伝ではすでに、邪馬台国は狗奴国を除いて九州全域を傘下に収めている。糸島半島にあった伊都国に一大率を置いて諸国を検察させ、諸国はこれを畏《おそ》れ憚《はばか》っているとある。

一大率を置くときに邪馬台国は王族である爾支《ニキ》を派遣し、軍隊を引き連れて伊都国に行軍した。古事記の天津神の神々は邪馬台国の王族である高官ならびに軍隊で、国津神の猿田毘古神が道案内をするのは邪馬台国が傘下に収めている国々が参加したことを象徴的に示している。天孫は邇邇藝命であり伊都国の官は爾支である。伊都国があった糸島市の玄海灘に臨む北部の海岸は幣《ニギ》の浜という地名が付いている。

古事記の神名ニニギ、魏志倭人伝の人名ニキ、糸島市の地名ニギはよく一致している。古事記の記す邇邇藝命の「邇」という文字と魏志倭人伝が記す爾支の「爾」は、漢字の部首「⻌」(しんにょう・しんにゅう)があるかないかの違いである。伊都国の官は「邇」または「爾」という漢字を名前に使用していたのではないか、それは古事記の邇邇藝命に由来し、魏志倭人伝では爾支と記したのではないかと筆者は考える。

なお、天孫降臨で理解が難しいのが「韓国に向かい」の記述である。特に高千穂峰に天降っ

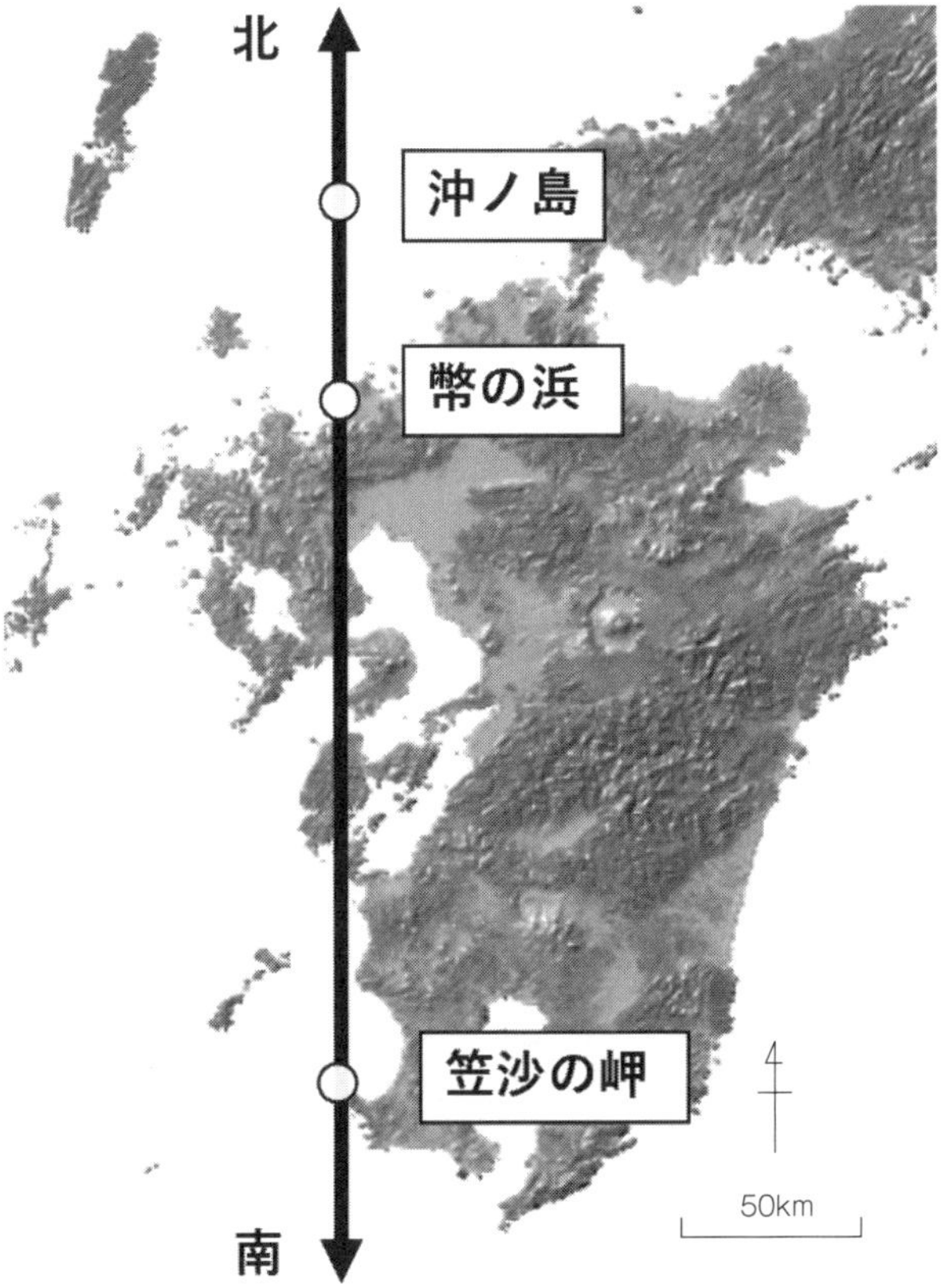


沖ノ島―幣の浜―笠沙の岬　直線図（地理院地図を用いて筆者作成）
沖ノ島・幣の浜・笠沙の岬は南北の直線上に並ぶ。

| | 経度 | 緯度 |
|---|---|---|
| 沖ノ島(中央) | 130度06分20.7秒 | 34度14分39.4秒 |
| 幣の浜(西端) | 130度06分28.0秒 | 33度35分47.7秒 |
| 笠沙の岬(先端) | 130度06分29.0秒 | 31度24分32.5秒 |

Google mapで測定
北緯30度付近での経度の1秒は約20mに相当する

たのであれば、この記述が説明できない。しかし魏志倭人伝の記載通り伊都国に一大率を置いたことと理解すれば、糸島半島からは海を越えれば朝鮮半島すなわち韓国に向かい合っている。対岸には狗邪韓国《クヤカンコク》があった。邇邇藝命が建てて住んだとされる宮殿は一大率のことを指す。

薩摩半島に位置している笠沙の岬から九州北端ともいえる糸島半島まで、真の道が通ずることは、天孫降臨によって東遷前の大和政権の前身が九州全域を支配下に置いたことを示している。また邪馬台国が九州全域を傘下に置いていたことと一致する。

天孫降臨の時期については、一大率が設置されたと考えられる三世紀前半ごろと考える。魏志倭人伝の記載から考え、記紀が記す天孫降臨は歴史的事実に基づくと解釈できる。

なお、筆者は笠沙の岬から真北に幣の浜があることに気づいた。さらに真北の玄界灘には沖ノ島がある。沖ノ島・幣の浜・笠沙の岬は南北の直線上に正確に並んでいる。幣の浜と笠沙の岬は直線距離で二〇〇キロメートルある。まさに真の道が通じているが、これは偶然か判断が難しい。

## 邪馬台国が鹿児島を領土としていた根拠

記紀によると、神武天皇は天照大神の五代後にあたり、魏志倭人伝の卑弥呼・台与の時代からは少しくだる。古事記では、神武天皇の妃は阿多《アタ》出身の阿比良比売《アヒラヒメ》となっている。日本書紀では吾田邑《アタムラ》の吾平津媛《アヒラツヒメ》となっている。

薩摩半島には、明治時代中ごろまで阿多郡という行政上の郡があった。なお、現在、鹿児島県には姶良《アイラ》市がある。神武天皇の妃の名前はアイラに由来するものと考えられ、鹿児島県出身となる。このことから東遷前の大和政権の前身は鹿児島も領土としており、大隅半島・鹿児島半島も同様に領土であった。筆者が邪馬台国の領土を宮崎県南部と鹿児島県としている根拠の一つである。

## 記紀に登場する名前と魏志倭人伝に登場する名前の比較

筆者は邪馬台国の高官が記紀に登場しているか調べてみた。一致する可能性のあるものを次にあげる。

## 神武天皇の子どもの名前にミミが付く

神武天皇の子どもの名前にミミが付くことは、多くの研究者が指摘している。記紀に記載されているすべての子どもの名前は次の通り。

手研耳命《タギシミミノミコト》
岐須美美命《キスミミノミコト》
彦八井耳命《ヒコヤイミミノミコト》
神八井耳命《カムヤイミミノミコト》
神渟名川耳尊《カムヌナカワミミノミコト》　綏靖《スイゼイ》天皇（第二代天皇）

これは隣国の投馬国の官ミミと関係があると考える。投馬国は、卑弥呼の時代には邪馬台国に属している。投馬国の官であったミミの名前が神武天皇の子どもの名前に付いていることから、ミミ一族は邪馬台国の王族であったと考える。

記紀にはこの他にも名前にミミが付く神・人物が登場する。

## 垂仁天皇

宮崎市の地名イキメ（生目）は、魏志倭人伝には筆頭の高官イキマと記載されている。第一一代天皇である垂仁《スイニン》天皇の和風諡号《わふうしごう》は、古事記では伊久米伊理毘古伊佐知命《イクメイリビコイサチノミコト》、日本書紀には活目入彦五十狭茅尊《イクメイリビコイサチノミコト》となっている。生目イキメ↓活目イクメと変化した。やはりイキメは邪馬台国の王族の一員であった可能性が高い。

## 高天原の雉鳴き女

宮崎市の地名、ニイナヅメ（新名爪）は魏志倭人伝にはナシメと記載されている。古事記に鳴《ナ》き女《メ》という雉《きじ》が登場する。高天原にいた雉で、高天原による葦原中国平定（国譲り）に際し、天照大神により出雲に派遣された。しかし、最後は矢で射られて死亡する。ナヅメ↓ナキメと変化したと考えられる。

## 八咫烏

宮崎市の地名、八所《ヤトコロ》は魏志倭人伝にヤヤコと記載されている。八所《ヤトコロ》↓八処《ヤトコロ》↓八咫《ヤタ》と変化して八咫烏《ヤタガラス》として古事記に登場すると考えている。「処」↓「咫」と変化したと考えられる。

八咫烏は神武東征の際、熊野から大和への道案内をしたとされる三本足の烏で、太陽の化身ともされて信仰の対象にもなっている。熊野系の神社にはよく描かれている。また家紋にもなっている。日本サッカー協会のシンボルとなっていることはよく知られている。なお咫は長さの単位であり、親指と中指を広げた長さで、約一八センチメートルを示す。

八咫烏の家紋

**中津綿津見神**

宮崎市の地名ナカツセ（中津瀬）は、魏志倭人伝にナカテとして記載されている。古事記に男神として中津綿津見神《ナカツワタツミノカミ》が登場する。伊邪那岐命《イザナギノミコト》が禊《みそぎ》を行った際に産まれた神であり、天照大神の兄弟にあたる。やはり中津瀬も王族であった可能性が高い。

## 初めに現れた神々

一般に、記紀は伊邪那岐命・伊邪那美命の国生み神話から始まると思われている。しかし、この二柱の神々の前に、古事記では別天津神《コトアマツカミ》として天地開闢《てんちかいびゃく》の時に高天原に五柱の神々が現れる（神々は一人、二人と数えるのではなく一柱、二柱と数える）。そのあと神世七代《カミノヨナナヨ》として七代一二柱の神が現れる。七代目が伊邪那岐命・伊邪那美命になる。伊邪那岐命・伊邪那美命を除いて、これらの神々は現れてはすぐに消えていく。日本書紀では別天津神の五柱の神々は書かれておらず、神世七代から始まる。古事記では天照大神の前に伊邪那岐命・伊邪那美命がいて、その前に一一代の神々がいたことになる。

一方、魏志倭人伝には、次のようにある。

「その国は、もと男子を以て王となし、とどまること七、八十年。倭国が乱れ、互いに攻伐すること暦年、そこで共に一女子を立てて王とした。卑弥呼という名である」

邪馬台国は卑弥呼の前に男王がいて、倭国大乱があり、倭国大乱の前七〜八〇年、男王が治めていたことになる。

この記紀と魏志倭人伝の記述は符合している。

倭国大乱が終わり、卑弥呼が共立されたのは二世紀後半とされており、倭国大乱が数十年続いたとして、邪馬台国は一世紀後半から存在したことになる。倭国大乱の結果、邪馬台国が勝利し、卑弥呼が共立されて女王となり、他の国々が従うようになった。すなわち、邪馬台国が九州をほぼ支配下に置いたと考えている。

ここで、なぜ記紀は伊邪那岐命・伊邪那美命の国生みから始まるのかが推測できる。大和政権の前身と邪馬台国は同一と考えられることから、伊邪那岐命と卑弥呼の前の男王は同時代である。この時期に大和政権の前身は九州を傘下に統一した。古事記の編者、本居宣長ならびに日本書紀の舎人《トネリ》親王を中心とする編者たちは、日本の歴史をどこから始めるか、さまざまに考えたと思う。最終的に九州を統一したところから始めることにした。

魏志倭人伝の冒頭に「倭国にはもとは百余国あった」と記載されている。百余国の中を勝ち抜いてきたと書くよりも、日本の国は初めから統一国家として存在したという記述を選択したのだと考える。勝ち抜いた過程を描いて勝ち抜いたものに正当性を与えると、記紀成立後強い勢力が現れて、大和政権を倒したときに正当性ができてしまう。初めから統一国家として存在したと書くことにより、天皇・大和政権の正当性を示した。

すでに統一された時から始めたので、記紀には傘下に置いた末盧国も伊都国も奴国も投馬国も出てこない理由となる。記紀の編者たちは最初に現れた神の時から統一国家として存在したと記載することも可能であったのに、伊邪那岐命の国生みから書き始め、別天津神・神世七代の神々をその前にさりげなく記すことで、史実を正確に記した。記紀の編者たちの工夫と努力をうかがい知ることができる。このことから見て、記紀は歴史書として書かれたもので、神々の代も創作神話ではなく歴史的事実を示している。

記紀と魏志倭人伝を相互補完することによって、これらの神々は架空のものではなく実在していた可能性がある。ここでは省略するが、記紀にはこれらの神々の名前が記されている。記紀の編集者のもとには名前だけでなく、神々の業績の記録があったかもしれない。もし記紀の編集者たちが業績を省略せずに書いていたなら、日本の一〜二世紀の歴史はもっと明らかになっていたはずである。

筆者は前述の通り、高天原は宮崎県の高原町《タカハル》にあったと考えている。これらの神々は、高天原に現れては消えていったとされているが、実際には高原町に住んで活動しており、高原町の一〜二世紀の墳丘墓はこれらの神々の墓の可能性がある。

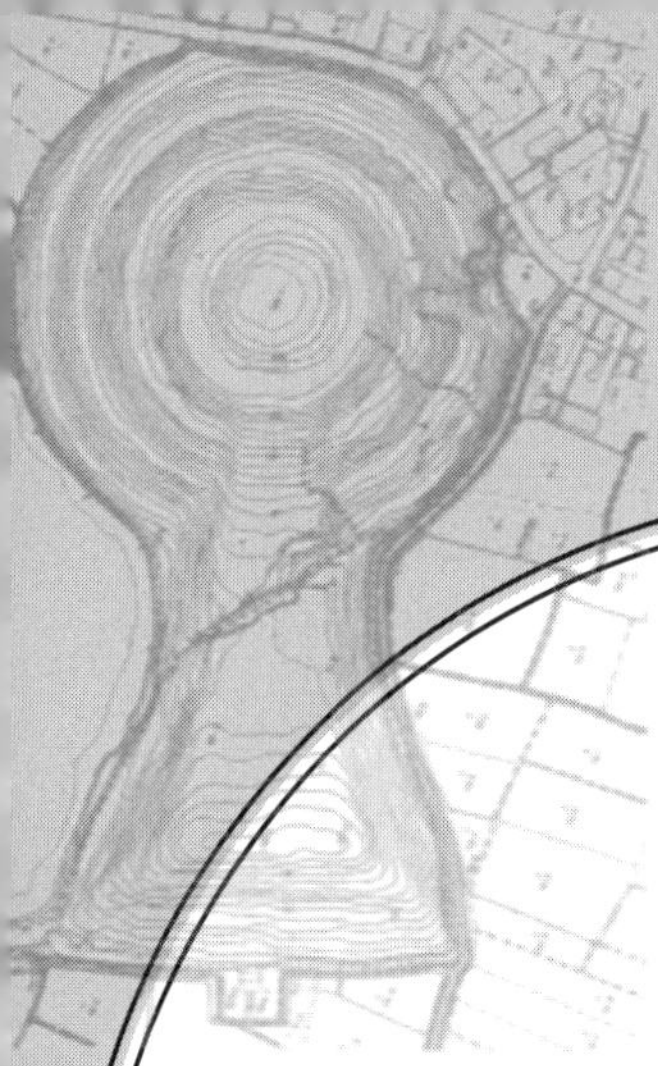

第七章

# 邪馬台国の国家戦略

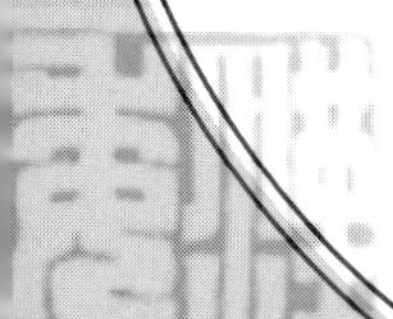

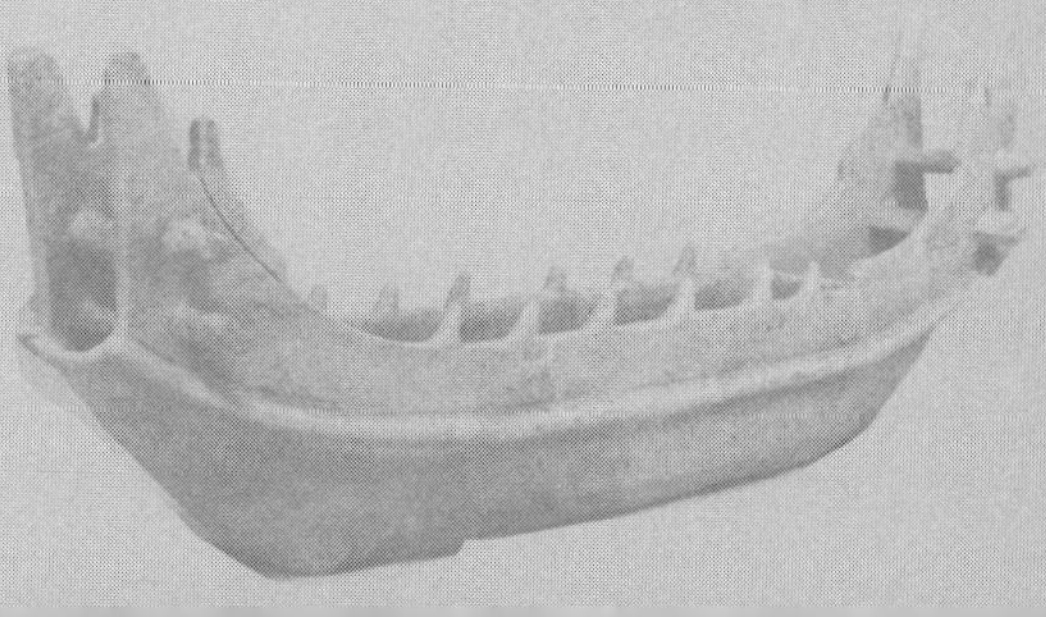

## 邪馬台国の権益

邪馬台国の所在地が現在の宮崎市だとすると、いろいろなことがわかってくる。ここでは邪馬台国の国家戦略について考察する。

邪馬台国が九州の覇権を握っていた際、従わないのは狗奴国だけであった。ただ、覇権を握るには経済的な裏付けが必要となる。そのような裏付けとして、邪馬台国は次のような権益を有していたことが推察できる。

・朝鮮半島航路の独占
・壱岐・対馬の支配
・朝鮮半島・大陸貿易の独占
・鉄取引の独占
・鏡等の青銅器生産と販売の独占
・本州・四国と九州間の通行・交易の独占
・南洋の島々との交易の独占　貝輪の独占

・真珠の独占
・絹の独占
以下で、それぞれ触れていこう。

## 朝鮮半島航路の独占

当時の船の性能は時速四キロメートル程度であるので、倭国から朝鮮半島・中国大陸へ渡るのに末盧国または奴国、すなわち現在の唐津～博多付近から出港して壱岐へ渡り、さらに壱岐から対馬へ渡り、対馬から朝鮮半島南岸へ渡るしか方法がなかった。

唐津～壱岐　　四〇キロメートル
壱岐～対馬南岸　　六〇キロメートル
対馬北岸～朝鮮半島南岸　　一〇〇キロメートル

当時の船の性能から、唐津～壱岐はおよそ一〇時間、壱岐～対馬南岸はおよそ一五時間かかることがわかる。これらは日の出前に出発して、日没のころ航海を終えることができるくらいの時間である。しかし対馬北岸～朝鮮半島南岸は二〇時間以上、丸一昼夜漕ぎ続けなければ渡れない。大変危険な航海のため、熟練した専門の船乗り集団がいなければ難しい。九州から朝鮮半島に渡るのに当時の船ではこのルートしかない。朝鮮半島から日本、あるいは日本から朝鮮への片道だけの航行は当時でも可能かもしれないが、目的を持って往復できる航路はこの唐津・壱岐・対馬・朝鮮半島南岸ルート以外にはない。

このルートは邪馬台国の時代から約一三〇〇年後、豊臣秀吉が朝鮮へ侵攻したとき、東松浦半島の先端に名護屋城《ナゴヤジョウ》を築き、渡海の先端基地としたことと符合する。名護屋城からは壱岐への最短ルートとなっている。邪馬台国は倭国動乱のころ、すなわち一世紀後半には奴国ならびに末盧国を支配下に置いており、この航路を独占していた。

航路を独占することによって、邪馬台国は莫大な利益を得ていたことが推察できる。例えば九州内陸の国が朝貢へ行こうとすれば、邪馬台国または邪馬台国傘下の国の世話にならなければならない。魏志倭人伝の冒頭に三〇か国が魏に使者を送っているとの記載があり、また邪馬台国を含めて三〇か国の記載がある。簡単に思いつくだけでも次のものは必要だろう。

・朝貢のための文書の手配
・朝貢品の手配・荷造り
・通訳の提供

・船とそれを漕ぐ水夫の提供
・一大国・対馬国への連絡・宿泊・食料等の提供

その他、朝貢ならびに旅行に関するさまざまなサービスが提供されなければならない。つまり、朝鮮半島へ渡るには膨大な作業がいる。これらの対価を支払わなければならない。おそらく対価は米で支払われたものと思われる。結果的に、奴国ならびに末盧国には膨大な富が集まることになる。

## 壱岐・対馬の支配

この航路を支配するためには壱岐・対馬を支配しなければならない。両地を支配していたことをうかがわせる記載が魏志倭人伝にある。一大国・対馬国にはそれぞれ同じ名前の官・副官がいる。また伊都国・奴国のそれぞれの官・副官にも同じ名前が見られる。

対馬国（対馬）　卑狗《ヒコ》・卑奴母離《ヒナモリ》
一大国（壱岐）　卑狗・卑奴母離

伊都国（糸島市）　爾支《ニキ》・泄謨觚《シマコ》・柄渠觚《ヒココ》
奴国（博多）　兕馬觚《シマコ》・卑奴母離《ヒナモリ》

漢字表記は違うがヒコ・ヒナモリ・ニキ・シマの四種類の同じ名前が登場することは、これらの四か国は邪馬台国から同じ一族が派遣されていたか、あるいは婚姻関係で結びつきが深い同盟関係にあった。

唐津または博多から朝鮮半島へ渡る場合、壱岐・対馬を必ず通らなければならない。壱岐には原《ハル》の辻遺跡がある。ここに魏の使者の一行が立ち寄ったことは確実といわれている。現在、魏志倭人伝の記述と実際の遺跡が一致しているのは、この原の辻遺跡だけである。旅行者は壱岐・対馬で宿泊・食事・水夫の提供を受けることができたと考えられ、やはりその対価を米あるいは玉製品または朝鮮半島で入手した鉄等で支払いをした。

魏志倭人伝の記載に「船にのり、南北に市糴《してき》をしている。」とある。市糴とは交易をすることで、邪馬台国の支配下にあった一大国・対馬国も自ら朝鮮半島へ渡り鉄等を買い付け、それを末盧国・奴国へ運び米を買い付けていたことがわかる。一種の中継貿易を行っていた。朝鮮半島への航路の独占と合わせて独自の交易によって、壱岐・対馬にも莫大な富をもたらすことになった。壱岐・対馬にも古墳が造成され、現在に残っているのはこれらの富の蓄積によるものである。

## 朝鮮半島・大陸貿易の独占

航路を独占することは、朝鮮半島・大陸貿易を独占していたことを意味する。主な輸入品として考えられるものは、鉄原料・鉄塊・鉄製品である。鉄製品は武器である鏃《やじり》・刀・槍・鉾・兜・鎧などである。その他に玉製品・ガラス製品（ビーズ等）・鏡・金製品・銀製品・銅・青銅原料・繊維製品すなわち綿・麻・絹製品があげられる。一方、輸出品は米・ヒスイ・玉製品・絹製品・真珠・丹（辰砂・水銀原料）であった。邪馬台国は輸入品を九州の国々に販売していた。また本州・四国へも販路を伸ばしていたと考えられる。しかし、本州の国々と狗奴国には朝鮮半島への渡航・交易が認められていなかった。

このような状況下で、他の国々は中国（当時は魏）への朝貢貿易はできない。朝貢貿易は行えば莫大な利益につながることはわかっていたとしても、少なくとも邪馬台国の支援がなければできない。邪馬台国が中国へ朝貢するときに使者の一員として同行は許されていたが、他の国々が独自で行うことは不可能であった。したがって、邪馬台国は中国への朝貢貿易を独占しているといえる。中国から下賜される財宝を持ち帰り、邪馬台国に属する他の国々へ配分して莫大な対価を得ていた。その結果、邪馬台国には莫大な富が蓄積されることになった。

## 朝貢貿易は軍事行動をともなう

邪馬台国の時代の中国は後漢が西暦二二〇年に滅び、三国志の時代に移行している。女王卑弥呼は魏に朝貢しているが、中国は魏の時代になっても治安が非常に悪かったことが想像できる。魏は西暦二二〇年に成立し、わずか四五年でその覇権は晋に代わる。

当時の中国・朝鮮では戦争・小競り合いは各地で頻発していた。このような中国動乱の時代に朝貢品を持った異国人である邪馬台国の一行が旅行すると、よく目立つと想像できる。また朝貢品を持っていることから、すぐにさまざまな勢力・賊に襲われる可能性がある。邪馬台国が魏・晋に朝貢するとき、通過国に保護、あるいは軍隊の護衛をつけてもらわなければ朝貢品を運ぶことなどできない。卑弥呼が景初二年（魏の明帝の年号、西暦二三八年、実際は景初三年、二三九年の誤りとの説がある）にナシメ・トシゴリを朝貢のため魏の都洛陽に派遣したとき、朝貢品は非常に少なかった。魏の地方拠点であった帯方郡の太守劉夏は使者を迎え、洛陽まで軍隊をつけて送っている。献上品はわずか男生口（奴婢・奴隷）四人・女生口六人・班布二匹二丈だけである。

これに対して魏の皇帝からは卑弥呼に対して「親魏倭王」の金印のほか、有名な銅鏡一〇〇枚ならびに豊富な財宝が下賜される。朝貢品が少ないのは軍の護衛が付いていたにもかかわらず賊に襲われて朝貢品の大部分を失い、生口とわずかな布しか献上できなかった可能性がある。これに対して魏の皇帝は大いにナシメ・トシゴリをねぎらい、彼らに称号と銀印を下賜した。

荷物を運ぶだけでなく、食料もある程度自分たちで用意して運ばなければならない。これらの運送は邪馬台国の奴婢が行い、その奴婢は帰りの荷物も運ばなければならないが、一部生口として献上品になった。また自前の警護の軍隊も必要であり、朝貢はかなり大きな軍事行動といえる。普通に考えても数百人規模が必要である。当時の小国家では無理である。朝貢貿易は邪馬台国程度の規模でなければ行えない、軍事行動をともなう国家事業であった。

## 鉄取引の独占

邪馬台国の時代の二〜三世紀ごろ、朝鮮半島は鉄の生産地であったため、当時、朝鮮半島南部には鉄の市場があった。倭国内でも製鉄が行われていたが、主に朝鮮半島から輸入していた。また鉄塊等を輸入して国内で製品に加工していた。これら鉄の取引は、航路を支配していた邪馬台国の独占である。鉄は重要な戦略物質でありまた重量をともなう。大型の船を利用しなければ大量に運べないことからも、邪馬台国は鉄を独占していたことがわかる。

## 青銅器生産と販売の独占

邪馬台国の時代、青銅原料・製品は朝鮮半島経由で輸入していた。それらは邪馬台国の受け入れ港の末盧国（唐津）に陸揚げされた。青銅材料等は重量があるので、他の場所へ運んでから加工することはかなりの手間がかかる。そのため、青銅原料は唐津で加工するのが合理的である。唐津には青銅製品を製造していたことをうかがわせる地名がある。鏡《カガミ》という地名と鏡《カガミ》山《ヤマ》という山があり、これらの地名は唐津で鏡が製造されていたことを示している。鏡山は唐津の名所であり、頂上からは日本三大松原の一つである虹の松原が一望できる。

また宮崎市にも鏡洲《カガミズ》という地名がある。邪馬台国でも鏡が製造され卑弥呼の神秘性を付加して、本州ならびに四国へ販売されていた。宮崎県北部の延岡市にも鏡山という山がある。また西都市に銀鏡《シロミ》という地名がある。

## 狗邪韓国

ここには朝鮮半島側の受け手として邪馬台国の出先機関等が置かれ、軍隊も駐留していた。狗邪韓国の名前には、狗奴国の「狗」と邪馬台国の「邪」が付いている。もともとは倭国連合の出先機関であったのではないかと考えている。狗奴国と邪馬台国が中心になってつくった出先機関で、すなわち「狗奴国と邪馬台国の韓国」、日本式にいえば「熊国と大和国の韓国」を中国・朝鮮側は「狗邪韓国」と呼んでいたのではないかと考える。卑弥呼の時代には出先機関が発展してすでに国となっている。この時代には邪馬台国と狗奴国は敵対関係にあるので、狗奴国は排除され邪馬台国が支配する国となっていた。狗邪韓国が発展して後に任那《ミマナ》日本府につながったと考える。

## 本州・四国との通行・交易の独占

邪馬台国は奴国を含む北部九州一帯から九州東海岸をすべて管理下に置いていた。そこには邪馬台国（宮崎）から末盧国（唐津）まで航路が整備され、およそ二〇キロメートルごとに集落と港があった。港には舟屋・津屋という設備があり、いくつかの場所では軍事施設を備えていた。一大率のある糸島半島を含む北部九州に兵士・物資を供給しなければならないためである。

また反対に九州北部から物資を宮崎に送り、九州東海岸は邪馬台国の船が頻繁に往来していた。この航路は南にも延びており、鹿児島を経由して奄美大島・沖縄まで続いていた。瀬戸内海からは邪馬台国の許可がない限り、九州への上陸は不可能な状況である。邪馬台国は九州東海岸を支配下に置き、航路を整備して管理していた。

冬の航海は厳しいので、これらは春から秋の期間に行われていた。冬は陸路で往来していた。陸路は宮崎から北部九州まで道が通じていて、この道は現在の国道一〇号線になった。また大分から日田・朝倉を経由して北部九州へのルートも利用した。

## 航路と寄港地

（長崎県）対馬・壱岐
（佐賀県）唐津
（福岡県）糸島・博多・福津・遠賀・北九州・門司・行橋・豊前
（大分県）中津・宇佐・豊後高田・国見・国東・杵築・大分・佐賀関・臼杵・津久見・保戸島・佐伯
（宮崎県）延岡・日向・美々津・都農・高鍋・宮崎・青島・日南・油津
（鹿児島県）志布志湾・大隅半島・種子島・大隅諸島・吐噶喇列島・奄美群島・奄美大島
（沖縄県）沖縄諸島

関門海峡は邪馬台国にとって重要な交通の要所であるため、対岸である今の山口県全域は支配していたと考えると合理的である。本州へ渡る最短コースの関門海峡も重要戦略地点として厳重に管理されていた。すると必然的に九州への人の出入り、それにともなう物の出入りをすべてコントロールできる状況になる。

魏志倭人伝に記されている国々は九州内にあると想定され、本州にあると想定される国の名

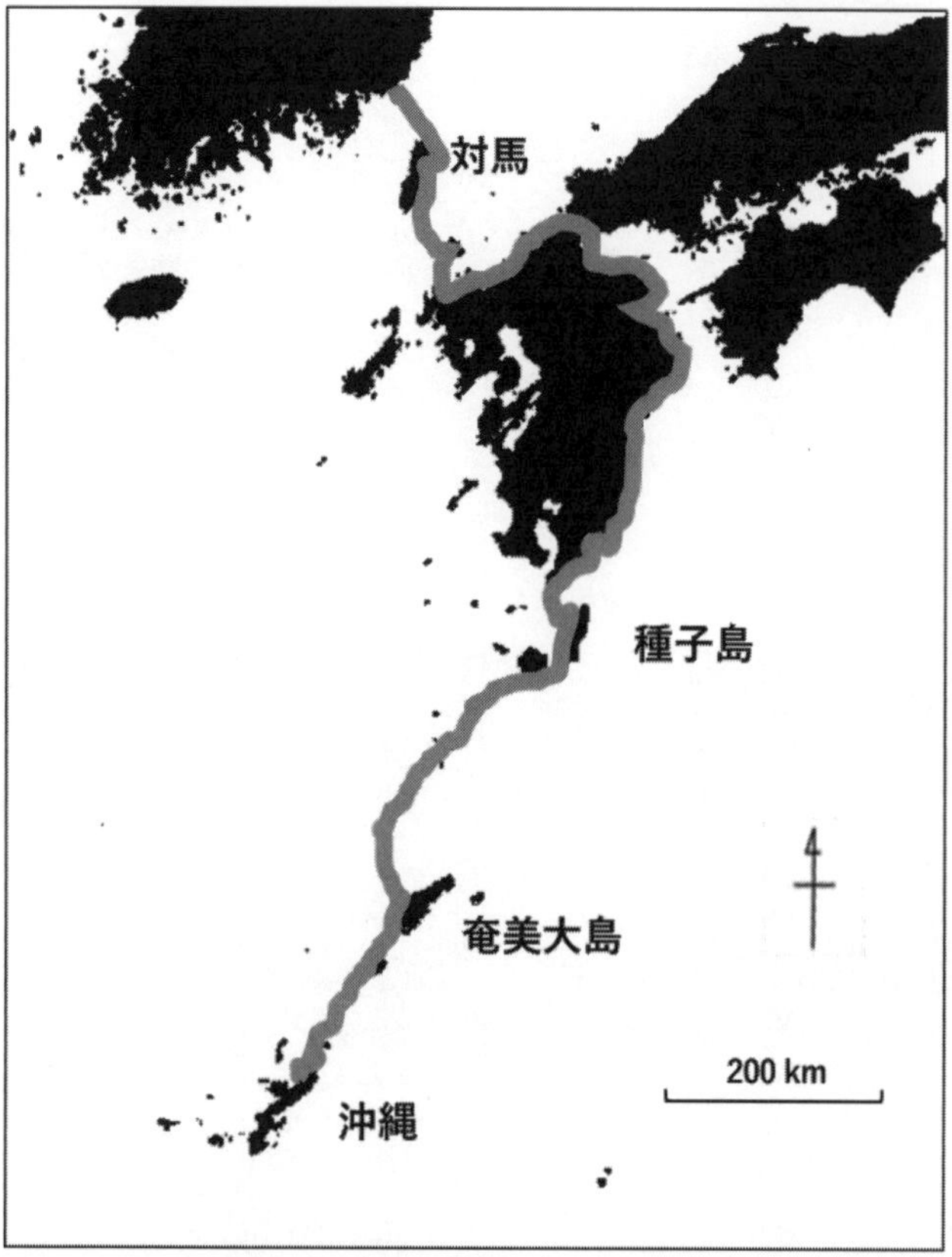


邪馬台国の支配航路（地理院地図を用いて筆者作成）

前は見当たらない。邪馬台国が本州のどこまで勢力を伸ばしていたかは魏志倭人伝の記載ではわからないが、少なくとも九州への出入りは完全にコントロールしていた。

## 貝輪の独占・南洋の島々との交易の独占

貝輪の原料のごぼうら貝は、南洋の奄美大島・沖縄・西南諸島の島々でしか採取できない。

邪馬台国の人間はこれら南方の島々へ航海していた。邪馬台国は薩摩半島ならびに大隅半島を支配下に置いていたと考えられることから、邪馬台国以外貝輪の原料の貝を入手できない。貝輪も卑弥呼の神秘性を付加して、本州ならびに四国へ独占販売されていた。

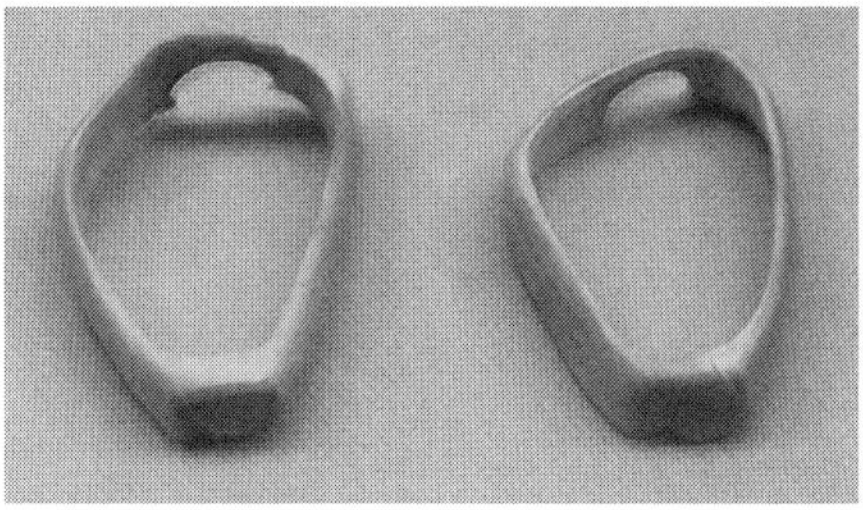

ごぼうら貝の貝輪

## 大国主命は何をしていたか

本書は魏志倭人伝について述べているが、ここで古事記の出雲神話の大国主命の姿・服装について考えてみたい。話に出てくる大国主命は八十神《ヤソガミ》とともに、一〇名〜数十名程度の集団で大きな袋を担いで旅をしている。旅の目的は記されていないが、彼らは何をしていたのだろうか。これは、邪馬台国の高官レベルの人たちが、邪馬台国の独占品を本州・四国にあった国々の王へ販売するために旅をしていた姿をモデルにして描いたものと考えている。

邪馬台国が独占していたものは、鉄塊・鉄製品・剣・刀・青銅製品・鏡・貝輪・真珠・絹製品等である。古事記には、大国主が稲羽の白兎を治療している場面があることから、薬草等も取引されていたと考えられる。これらをあの大きな袋に詰めて本州・四国各地へ販売していた。これらの品物であれば袋に入れて十分運べた。当時、鉄は朝鮮半島から輸入しないと入手できなかった。本州・四国の国々にとっては非常に貴重なものである。また青銅製の鏡は九州で大量に製造されていたと考えられる。これらの国産の鏡を朝鮮半島・大陸中国からの輸入品として売っていたのだろう。

前述のように貝輪も独占である。邪馬台国の時代、九州は真珠の産地であり、鹿児島湾・志布志湾は邪馬台国の領地内にある。

九州南部に宗教性をもつ卑弥呼という女王がいることは日本国中に知れ渡っていたと考えられ、これら鏡・貝輪・真珠は卑弥呼の鬼道による呪術性によって宗教的付加価値がつけられて全国に流通していた。貝輪が日本各地に伝播していたことが、それを裏付けている。また当時、絹は九州でしか生産されていなかったと考えられ、本州では大変貴重品だった。真珠ならびに絹は重要な朝貢貿易のための輸出品であるが国内でも非常に貴重で高く取引されていた。独占品ばかりなので物を持って行きさえすれば、どこでも売れたと考えられる。

また集団で行動していたのは、相手方から襲われたり、盗賊に襲われたときに集団で防御するためだと考える。旧知の国へしか行かなかったであろうが旅に危険はつきもので、まして袋の中には高価な珍しいものが入っていることはすぐにわかるため、いつ襲われても不思議ではない。集団であれば、ある程度は防げた。

対価は、人力で運べるものに限られると、ヒスイ原石、ヒスイ製品ならびに玉製品（水晶、メノウを加工した製品）程度しかない。当時、金はほとんど流通していなかった。

日本各地には玉造等玉という字が付く地名が各地に見受けられる。これらは玉製品を加工していたと考えられ、貨幣のなかったと考えられている邪馬台国の時代に貨幣に代わる重要な物資として流通していたと考えられる。玉製品がなければ鉄などの物資を入手できない。このため各地で盛んに玉加工が行われていた。

米は価値があり手に入れやすいが、重くて人力では大量に運べない。当時の倭国には牛馬がいなかったと魏志倭人伝に記載されている。仮に人が運べる量として二〇キログラム程度とすると、二〇キログラムの米はおそらく当時でも価値としては大きくない。当時の船で運んでも一～二トン程度しか運べない。

当時の流通物資は、鉄塊・鉄製品・青銅製品・玉製品であり、米ではなかった。効率が良いのは玉製品・ヒスイ製品である。邪馬台国の商人たちは商品を販売して代価としてヒスイ製品・玉製品を持ち帰っていた。米では、彼らが運んでいる貴重な品物の対価としては低すぎる。彼らは瀬戸内海沿岸・山陰沿岸に沿って旅行をして、近畿地方あるいは伊勢湾あたりの中部地方、あるいは登呂遺跡で有名な現在の静岡県あたりへは行っていただろう。関東まで行っていた可能性もある。またヒスイの産地である日本海側の糸魚川あたりまで行っていた可能性がある。

玉製品とヒスイ製品は邪馬台国へ持ち帰ったあと、九州各地へ米と交換に販売し、また朝鮮半島・大陸中国へ輸出されていった。効率は悪いが邪馬台国に莫大な富をもたらした。大国主命が行っていたように、これらは邪馬台国の王族ならびに高官レベルで行われていた。本州・四国各地の国をまわることで、これらの国の王と親交関係を保っていた。各地を旅行することにより彼らは各地方の情報を得ていた。どこに国があり、どのような王、支配者がいるか、どのような作物が栽培され、人々がどのように暮らしていたか等、あらゆる情報が知らず知らずのうちに蓄積されていった。彼らは邪台国に帰国したとき、旅の自慢話とともに、これら情報を仲間、家族に話したはずである。

あるいはもっと積極的に情報を収集していた可能性も考えられる。各国の規模・集落の規模・人口・兵士の数や配置・防御態勢・建物の配置・指導者の建物・穀物倉庫の位置等々である。卑弥呼の時代だけでなく何十年にもわたり行っていた。これは非常に重要な情報の蓄積である。邪馬台国の支配階級はこれら各地の情報を共有していた。

## 邪馬台国は海賊だった――高地性集落と邪馬台国

弥生時代になると、中国地方、四国・近畿地方の瀬戸内海沿岸に高地性集落が出現する。これらは九州にはほとんど見られない。高地性集落は平野部に近い山間部に設けられていることが多く、全くの山岳地帯奥地に設けられていたわけではない。避難的な防衛的な集落と考えられている。また一時的な避難場所としてではなく、長く集落として存在していたところもある。

瀬戸内海沿岸では、長期的に何者かが海賊行為をしていたと考えられる。瀬戸内海の各集落・国がお互い海賊行為を働いていた可能性もあるが、長年やっていると自ずと平和協定が結ばれる。海賊の候補としては、邪馬台国があげられる。

邪馬台国は九州の東海岸を完全に支配しており、本州・四国側からの攻撃はほとんど不可能である。このような状況下、邪馬台国は瀬戸内海沿岸の中国地方・四国・近畿地方への海賊行為を積極的に行っていた。この時に邪馬台国の独占商品販売のために各地を訪れていた商人一行の情報は大いに役立ったはずである。

彼らは収穫の終わった秋、一〇～一一月にかけて瀬戸内海沿岸への海賊行為に出撃していた。各集落の詳細情報は邪馬台国の商人から伝わっていた。邪馬台国の船団は宇佐・豊後高田に集結して、国東半島の先に浮かぶ小島、姫島を経由して瀬戸内海沿岸の集落を急襲し、米を収奪し、集落の長の館を急襲して宝物を強奪し、さらに婦女子を誘拐していた。海賊行為は数十隻の船団で行われ、夜明け前に船を集落の前の砂浜に乗り上げて、数十人の武装部隊で急襲をかける。一気に目的の建物を襲い、抵抗するものは殺し、目的物ならびに婦女子を誘拐してすぐに引き上げる。長く滞在していると近隣の集落から応援が駆け付ける可能性がある。

婦女子を誘拐し邪馬台国へ連れて帰り奴婢にした。邪馬台国には奴婢が存在したことが書かれている。卑弥呼の宮殿には一〇〇〇名の女性が働いており、連れてこられた女子は下働きとして働かされていた。男子は将来の兵士等の下働きとして奴婢にした。

また魏志倭人伝には「大人はみな四、五婦。下戸もあるいは二、三婦」とあり、邪馬台国では女性の人口が多かった可能性がある。このアンバランスを海賊行為の誘拐で補っていた。婦女子の内の何名かは歌舞音曲を仕込まれ、魏の国への朝貢品、すなわち生口として献上するために育てていた。卑弥呼が死んだときに一〇〇名を殉葬しているが、これらの奴婢がこの殉葬にあてられた。

## 金印「漢委奴國王」と邪馬台国との関係

「漢委奴國王」と彫られている非常に有名な金印がある。江戸時代に福岡県志賀島で発見されたとされるもので、国宝に指定されている。現在は福岡市博物館に展示されている。この金印が発見されたことも、魏志倭人伝に記載されている奴国が福岡市博多にあったことの有力な証拠とされている。「奴」という字が重なり、一応合理性があるようにも思われる。

『後漢書』巻八五 列傳巻七五『東夷傳』（後漢書東夷伝）に次の記載がある。

「建武中元二年、倭奴国、貢を奉じて朝賀す、使人自ら大夫と称す、倭国の極南界なり、光武、印綬を以て賜う」

後漢の光武帝が建武中元二年（五七年）に、奴国からの朝貢使へ賜った印がこれに相当するとされる。しかし筆者は疑問に思っていることがある。この倭奴国が「倭国の極南界なり」と記載されていることである。九州北部である福岡市は、倭国の極南界ではない。

卑弥呼に関する記載が『後漢書』にもある。魏志倭人伝とほぼ同じ内容であるが、微妙に違っている。次のように記載されている。

「桓帝・霊帝の治世の間（一四六〜一八九年）、倭国は大いに乱れ、こもごも相攻伐し歴年主なし。一女子あり、名を卑弥呼という。年長じて嫁せず。鬼神の道に事《つか》え、よく妖をもって衆を惑わす。ここに於いて共に立てて王となす」

魏志倭人伝によると、邪馬台国にはもともと男王がいて、七〇〜八〇年間続いたのち倭国が乱れ、相攻伐すること歴年、各国が共立して女王を立てた。その女王が卑弥呼である。後漢書にある倭国大乱と魏志倭人伝にある倭国乱相攻伐歴年は同一のものであり、歴年とあるように、何年間も続いたことになる。後漢書東夷伝にはその時期が明記されている。桓靈閒すなわち桓帝・霊帝の治世の間（一四六〜一八九年）、もっと詳しく見ると桓帝の在位期間は一四六〜一六八年、霊帝の在位期間は一六八〜一八九年である。西暦一六八年を挟んで一四六年から一八九年のうち何年間かまたは何十年間か倭国大乱があったことになる。その七〇〜八〇年前には、すでに邪馬台国が存在して男王がいたことになる。

そうすると、最も古い桓帝の治世の始まり西暦一四六年から八〇年前すなわち西暦六六年、また最も新しいとすると桓帝から霊帝に移行した西暦一六八年から七〇年前すなわち西暦九八年となる。邪馬台国は西暦六六年から西暦九八年の間にはすでに存在していたことになる。倭奴国が後漢の光武帝から金印を賜ったのが西暦五七年である。この年代は非常に近い。

したがって、邪馬台国が宮崎にあったとすると、極南界の倭奴国と邪馬台国は同一であった可能性がある。邪馬台国は一世紀後半から存在しており、その後倭国大乱を経て二世紀後半には邪馬台国の傘下に三〇余りの国が従っていた。狗奴国《クナコク》だけが邪馬台国に従っていない状況となっていた。

「漢委奴國王」の金印は朝貢のとき、貢物を梱包する際の封泥《ふうでい》に国璽《こくじ》として押すものと考えられている。倭奴国と邪馬台国が同一で宮崎にあった場合、この貢物の最終梱包をする場所が北部九州であったことは考えられる。金印を実際使用したのは北部九州の可能性はある。後漢が西暦二二〇年に滅亡すると、この中国皇帝から下賜《かし》された「漢委奴國王」の金印は国璽としての価値がなくなった。返還するところもなく志賀島に埋めた可能性は考えられる。その後、卑弥呼は次の王朝である魏に使者を送り、新しい金印「親魏倭王」を下賜された。邪馬台国は二回金印を下賜されていた可能性がある。

しかし邪馬台国が西暦五七年に九州を代表するだけの覇権を握っていたかについては疑問がある。邪馬台国が覇権を握ったのは倭国大乱の後であり、卑弥呼が共立されて女王となった二世紀後半のことと考えられる。一世紀の邪馬台国の状況は北に投馬国があり、北部沿岸には奴国・伊都国があり、当時の倭国を代表する存在ではなかった。そうすると倭奴国は九州の西側の極南界、すなわち現在の熊本県にあったと推測する。現在の熊本県にあったとすれば佐賀平野・筑紫平野の国々に影響力を持つことも容易であり、また奴国（博多）・末盧国（唐津）へも容易に行ける。

地理的に見て熊本県に倭奴国があった場合、一世紀に倭国を代表する国として朝貢していれば、後漢が倭奴国を倭国を代表する国と認めて金印を下賜したことは十分考えられる。この地域は二世紀後半から三世紀前半には狗奴国が支配していたが、西暦五七年に金印を賜った倭奴国と同一であるかは判断する材料がない。「奴」の漢字は共通しているが判断材料とはならない。魏志倭人伝の冒頭部分に「漢の時朝見する者あり」と記されており、魏の使者も魏志倭人伝の著者、陳寿も倭奴国のことは知っていたと考えられる。したがって倭奴国と邪馬台国あるいは倭奴国と狗奴国とが同一であった場合、魏志倭人伝にそのような記載があってもおかしくない。記載されていないことから見て同一でないと解釈するのが妥当と考えている。

おそらく倭国大乱の時、熊本地方では狗奴国が倭奴国にとって代わったと考えられる。

筆者はこの金印「漢委奴國王」の実物を福岡市博物館で見た。実際封泥の捺印に二〇〇年近く使用されていたとした場合、摩耗もせず非常にきれいな状態であることを不思議に思った。

金印「漢委奴國王」の印影

また金印が発見されたと伝えられている志賀島の金印公園を訪れた。公園の入り口には金印発見の記念碑「漢委奴國王金印発光之処」が建っている。海岸から少し上がった緩やかな崖の中腹にあり、公園から博多湾をはさんで福岡の街が見渡せる。ここで金印が出土したかについては多少の違和感がある。金印も金印公園も一見の価値があり、古代史に興味のある方には機会があればぜひ訪れていただきたい。

金印公園の「漢委奴國王金印発光之処」記念碑（筆者撮影）

## 邪馬台国への手がかり一大率《イチダイソツ》

邪馬台国に関連して重要な手がかりになる場所がある。それは伊都国である。伊都国は福岡県の糸島市、糸島半島にあったとほぼ比定されている。邪馬台国は国家戦略として伊都国に一大率を置いていた。一大率の遺跡が発見されると、これはすぐに邪馬台国につながる遺跡となる。現在、糸島市には伊都国歴史博物館がある。

魏志倭人伝は伊都国に関して、次のように記載している。

「女王国より以北には、とくに一大率（王の士卒・中軍）を置き、諸国を検察させる。諸国これを畏れ憚かる。常に伊都国で治める。国中において刺史（政績奏報の官）のようなものである。王が使者を遣わして京都（魏都洛陽）・帯方郡・諸韓国に行ったり、また郡が倭国に使するとき、皆津に臨んで捜露《さがしあらわ》し、文書・賜遺の物を伝送して女王にとどけ、差錯（不足・くいちがい）することはできない。」

一大率は一種の役所のようなものであり、魏志倭人伝の記載によれば、そこには次のようなものが存在すると考えられる。

・役所
・港における一連の設備・税関
・迎賓館
・軍隊
・倉庫

おそらく、伊都国の一大率を諸国が恐れているということは、伊都国には邪馬台国の軍隊が駐留していたはずである。伊都国の戸数は千余戸となっているので、人口としては四〜五千人程度だと考えられる。軍隊の規模は数百から千人程度ではないかと考える。邪馬台国に属する国々を監視するには、この軍隊の人数では不十分と思われ、軍隊の多くは隣の奴国・末盧国に駐留させていた。伊都国には数百から千人の軍隊の駐留にふさわしい建物があった。これだけで、本国邪馬台国との間では兵士の交代等にともなって多くの人員物資の往来があったと考えられる。陸路ならびに海路には頻繁に人々、船、物資の往来があった。

糸島半島の南側は山岳地帯となっており、佐賀平野・筑紫平野に行くには東または西へ迂回しなければならない。したがって、東側の奴国、現在の博多付近に軍隊を駐留させていれば容易に筑紫平野に軍隊を送ることができる。また西側の末盧国、現在の唐津に軍隊を駐留させていれば、容易に佐賀平野に行くことができる。

倭の王が魏の都等に使者を遣わすとき、また（帯方）郡の使が倭国に来たとき、必ず立ち寄る場所となっていることから、迎賓館のようなものがなければならない。港で荷物の文書と検査を行っていたとの記載があることから、港ならびに港における一連の設備、税関のようなものがあったと考えられる。

糸島半島の西側には二つの湾がある。引津湾と船越湾で、また東側には博多湾に面する今津湾がある。伊都国歴史博物館には二〜三世紀ごろの地形模型が展示されている。その地形模型によると、当時の湾は今より深く内陸まで入り込んでいた。現在の船越湾の東に「新田」という地名と、さらにその東に「志摩津和崎」という地名、さらに「泊」という地名が見受けられる。これらは今の糸島市の中心部市役所、総合庁舎、警察署、糸島高校の北側にあたる。地名の通り、志摩津和崎、泊には港の設備があったと考えられる。一方、東側の今津湾も大きく内陸に入り込んでいた。現在湾と湾とを結ぶ距離は約一〇キロメートルである。

糸島半島の北側は玄界灘に直接面しており、ここに当時の港があったとは考えられない。したがって、当時は船越湾か今津湾であるが、今津湾は奴国に面している。末盧国経由の方が壱岐に近いことから、伊都国では西側の末盧国に近い船越湾を利用していたと考えられる。糸島には国道二〇二号線が通っている。この国道は唐津街道と言われており、唐津と博多を結ぶ重要な街道である。おそらく古代の街道はその後も使われ続け、この二〇二号線になったと考えられる。

「皆津に臨んで捜露し」と記載されていることから、一大率に関する一連の設備は当時の船越湾に面してかつ街道沿いにあったと考えるのが合理的である。すなわち、現在の国道二〇二号線沿いであると考えられる。このあたりに一大率に関する設備があり、遺跡が眠っている可能性が高い。具体的に言えば「志摩津和崎」・「泊」の地名がある所から糸島市の中心部すなわち市役所・総合庁舎・警察署・糸島高校あたりではないか。現在人が住んでいるところは、昔から人が住むところに適していたと考えるのは合理的である。一大率が発展して現在の糸島市中心部になったと考える。

一大率の遺跡が発見され、発掘されれば、直接邪馬台国につながるさまざまな考古学的遺物が出てくるはずで、邪馬台国の場所を考古学的に裏付けることが可能となる。一大率の遺跡発見は邪馬台国の場所を特定する大発見になる。

# 終章 まとめ

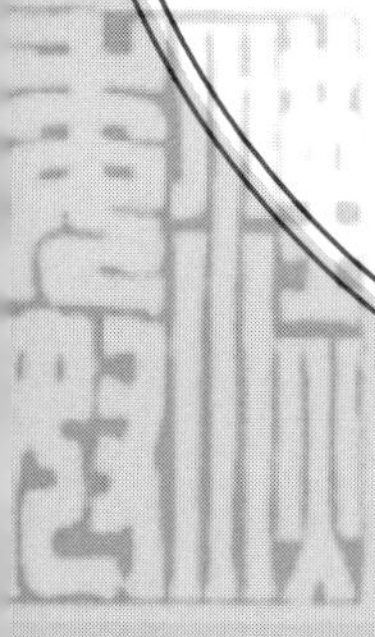

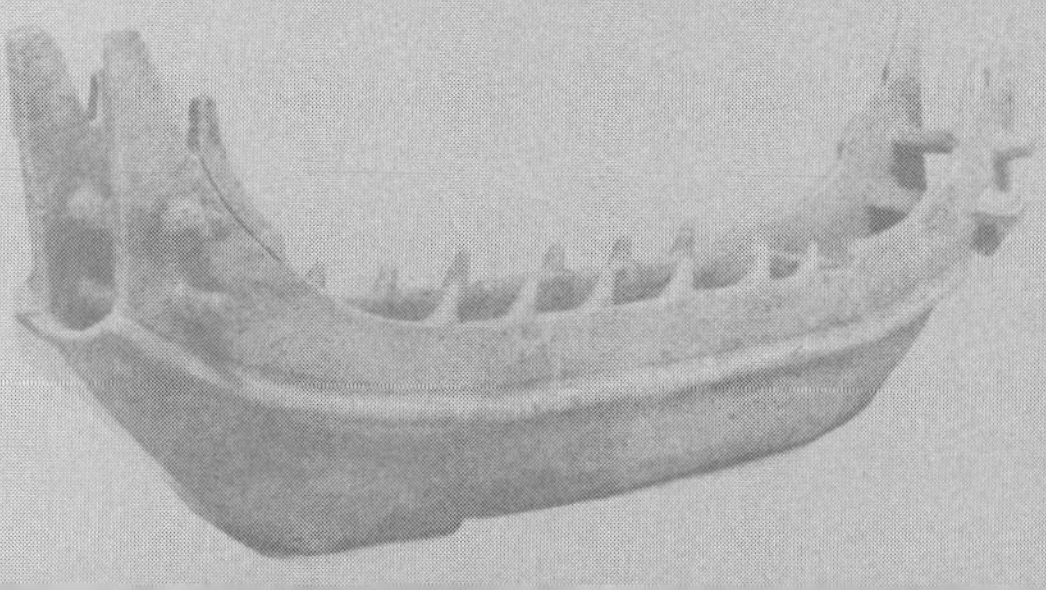

# 結論——邪馬台国は宮崎市にあった

本書では次の可能性が科学的に示された。

・魏志倭人伝に記載のある邪馬台国の高官一〇名の名前がすべて宮崎市（一名は西都市）に残っている。宮崎市（西都市）以外で一〇名の名前がすべてそろう市町村はない

・邪馬台国の宮殿は宮崎神宮の場所にあった

・卑弥呼の墓は生目一号墳

・地下式横穴墓は殉葬の墓

・行程の水行二〇日・水行一〇日陸行一月の解明ができた。寄港地・宿泊地・通過地点が判明した

・邪馬台国の範囲は宮崎県南半分と鹿児島県。投馬国の範囲は大分県南部と宮崎県北半分。これにより投馬国の南に邪馬台国があること、邪馬台国の戸数七万戸、投馬国の戸数五万戸は合理的に説明できる

・邪馬台国に属する辺傍の国々が島原半島・佐賀平野・筑紫平野に点在する

・狗奴国は熊本県にあった

・宮崎市は魏志倭人伝に記されている邪馬台国の条件をすべて満たす
・古事記・日本書紀と魏志倭人伝の記載が時間的・地理的に一致する
・邪馬台国と東遷前の大和政権の前身は同一であると想定される

また次の事実がある。
・宮崎市に大和町がある
・天照大神は現在の宮崎市で生まれたと記紀に記載がある

以上のことから本書では邪馬台国は宮崎市にあった蓋然性が非常に高いと結論する。

しかし邪馬台国が宮崎市にあったことを完全に証明してはいない。今後発掘等により、科学的・考古学的証拠から最終的に証明されることを期待する。

## その後の邪馬台国

魏志倭人伝は女王台与の時代、三世紀後半で終わっている。その後の邪馬台国はどうなったのであろうか。記紀の記述から考察する。

天照大神の五代後の神倭伊波礼毘古命《カムヤマトイワレヒコノミコト》が日向の美々津を出港して東遷する。美々津は投馬国の官、ミミに由来する。東遷の時期は四世紀前半ごろであろう。東遷の途中、八咫烏の先導により神倭伊波礼毘古命は大和の地に入る。八咫烏は魏志倭人伝の登場人物では邪馬台国の官、ヤヤコであり、宮崎市の地名では八所《ヤトコロ》にあたる。そして神倭伊波礼毘古命は畝傍山《ウネビヤマ》の麓、橿《カシ》原宮《ハラノミヤ》で初代天皇、神武天皇として即位する。大和政権の誕生である。大和の地には畝傍山を含めて大和三山と呼ばれる小山がある。神武天皇は一つの山を天香久山《アマノカグヤマ》、もう一つの山を耳《ミミ》成山《ナシヤマ》と命名する。天香久山は妻、阿比良比売《アヒラヒメ》の出身地鹿児島に由来する。耳成山はミミの名前に由来する。邪馬台国は東遷して大和政権になった。

## 記紀は歴史的事実を記す

本書で記紀と魏志倭人伝の記載が時間的・地理的に重なることが示された。記紀に記されていることは全くの創作神話ではない。そうすると大和政権の成立過程は記紀が記す過程をたどった可能性がある。さらに現在は創作神話扱いの日本武尊《ヤマトタケル》や神功皇后の話も歴史的事実であった可能性が出てくる。記紀が歴史的事実を記しているかの検証は科学的に行われなければならないと考える。

## 宮崎・鹿児島・大分を世界遺産に

宮崎は大和政権発祥の地であり、同時に邪馬台国の所在地である。仮称「日本国家発祥の地」として宮崎県ならびに鹿児島県・大分県の記紀の関連建築物・史跡ならびに邪馬台国関連史跡は、世界遺産としての価値が十分認められる。これらは宮崎ならびに九州のみならず、日本が世界に誇れる文化遺産である。

日本ユネスコ協会のホームページには世界遺産に関して次のようにある。

「世界遺産とは、地球の生成と人類の歴史によって生み出され、過去から現在へと引き継がれてきたかけがえのない宝物です。現在を生きる世界中の人びとが過去から引継ぎ、未来へと伝えていかなければならない人類共通の遺産です」

仮称「日本国家発祥の地」はユネスコの世界遺産基準の中で次の項目に当てはまり、世界文化遺産としての条件は十分に満たしていると思われる。

・現存するか消滅しているかにかかわらず、ある文化的伝統又は文明の存在を伝承する物証として無二の存在（少なくとも希有な存在）である。

・歴史上の重要な段階を物語る建築物、その集合体、科学技術の集合体、あるいは景観を代表する顕著な見本である。

世界遺産としては次のものが考えられる。

宮崎市・西都市・高千穂町・高原町・日向市・小林市・えびの市・都城市・日南市

宮崎神宮・鹿児島神宮・霧島神宮・宇佐神宮・鵜戸《ウド》神宮・英彦山神宮

狭野《サノ》神社・都農神社・阿波岐原・高千穂峰

生目古墳群・西都原古墳群

筆者は将来、邪馬台国が宮崎市にあったことが科学的に証明され、これらの史跡が世界文化遺産に登録されることを期待している。

# あとがき

今回、科学を前面に打ち出して本書を書いてきましたが、本書を書くに当たっては何かに書かされたような気がしてなりません。邪馬台国の人名が宮崎市の地名にあるのではと思いついたこと、また生目一号墳の軸線が高千穂峰の山頂を指しているのではないかと気づいたことも不思議です。何かに示唆された気がしています。

邪馬台国の場所を特定するキーワードは、投馬国の官ミミと美々津という地名、邪馬台国最高位の高官イキマと生目という地名でした。邪馬台国の高官一〇名の名前がすべて地名に残っていることを見つけるのに、二時間程度しかかかりませんでした。こんなに簡単にパズルが解けていいのだろうかと思いました。また高千穂峰とみそぎ池を結ぶ直線上に生目一号墳が軸線を合わせて存在していることが計測の結果わかったときには身震いしました。今でもこの文章を書きながら少し震えています

私はもともと、邪馬台国は宮崎県か鹿児島県にあると考えていました。魏志倭人伝を真剣に読むと宮崎県・鹿児島県に行き着きます。魏志倭人伝が記す邪馬台国の条件に「東に海があり一〇〇〇里海を渡ると倭種の国がある」「周航五〇〇〇里の島である」「南に連なる島がある」

とあります。この条件だけでも日本で当てはまるのは九州の東海岸の南部、すなわち宮崎県・鹿児島県になります。宮崎県には数多くの弥生時代・古墳時代の遺跡があります。邪馬台国が宮崎県西都市にあったという研究者はいますが、宮崎市にあったという説が非常に少ないことを不思議に思っています。

また邪馬台国の場所を特定するのに、もう一つ重要な条件があります。卑弥呼の墓に殉死者の墓が付属していることです。今まで日本で殉葬の墓が一つも発見されていないことが不思議でした。考古学者が見落とすことはないはずです。日本の多くの重要な古墳を宮内庁が管理して発掘されていないことが原因かとも思いますが、近隣の古墳が発掘されている場合もあり、これが理由ではなさそうです。

地下式横穴墓が殉葬の墓ではないかと気がついたことは、重要な発見だと思っています。遺体が棺に納められていないのが重要な要件でした。このことは、墓が事前に造られていて遺体は死亡後すぐに埋葬されたことを示しています。地下式横穴墓は宮崎県・鹿児島県特有の墓制ですが、全国的には「横穴墓」という墓が存在します。本文では触れませんでしたが、私はこの「横穴墓」は地下式横穴墓が発展した殉葬の墓ではないかと考えています。

記紀と魏志倭人伝の記述を比較する科学的根拠を示せたことも重要なことです。記紀と魏志倭人伝の記載は地理的・時間的に重なっていますが、それぞれ別の視点で書かれています。相互補完することによって、二〜三世紀の状況をあぶり出すことができます。邪馬台国が宮崎にあれば、大和政権の成立過程がわかってくると思います。神武東遷は歴史的事実である可能性があります。魏志倭人伝に記載されていないので本書では出雲のことには触れませんでしたが、出雲は邪馬台国の圧倒的軍事力の前に無条件降伏したのだと想像しています。古事記の国譲りの記載の通りです。銅剣が数多く発見された荒神谷遺跡、また銅鐸が多く発見された加茂岩倉遺跡がそれを裏付けているように思います。両遺跡で発見された銅剣・銅鐸の多くに「×」印の刻印があるのは、邪馬台国が自分たちの宗教に改宗させたと考えています。出雲地方には前述の「横穴墓」が多く分布しています。

卑弥呼は朝鮮の文献『三国史記　新羅本紀』にも登場します。「卑彌乎」と記載されていますが、卑弥呼と同一とされています。『三国史記』は完成が西暦一一四五年で記紀の成立の約四〇〇年後と新しく、また一次資料が逸失していることもあり、日本では三世紀ごろまでの記述は信頼性が低いとされています。今後、日本文献の記紀と中国文献の魏志倭人伝に朝鮮文献の三国史記も加えて比較してみたいと考えています。邪馬台国の実像がより詳しくわかるかもしれません。

本書を執筆するにあたり、一週間かけて唐津から海岸沿いに宮崎まで車で視察旅行をしました。一八〇〇年前、魏の使者一行の旅はそれなりの苦労はともなったものの、非常に楽しい旅だったのではないかと想像しています。毎日風光明媚なところの船旅で、遠くに本州も四国も見えました。沿岸では人々が潜水漁をしていました。また陸の旅では森に猿がいて、時々雉《きじ》も姿を見せていました。宿泊地では毎晩大宴会が催され、大満足したと思います。邪馬台国に到着すると大歓迎を受けて何日も大宴会は続きました。

魏の使者の一行が九州の東海岸を通って宮崎への旅をした場合、ピンポイントで立ち寄ったと思われる場所がいくつかあります。例えば国東半島の国見・国東・杵築は、ほかに寄港地がないので確実に立ち寄ったと考えられます。一八〇〇年前と同じ場所を訪れているのだと、非常に感慨深いものがありました。私は機会があれば彼らが航海した九州東海岸を、船でクルーズしてみたいと思います。非常に楽しい旅になることは間違いありません。邪馬台国が宮崎市にあったことが広く認められると、旅行社がこのようなクルーズの旅を企画してくれるかもしれません。

またこの旅行で多くの神宮・神社を参拝することができました。参拝させていただいた神宮・神社は霧島神宮・宇佐神宮・鵜戸神宮・鹿児島神宮・宗像大社・高千穂神社・天岩戸神社・狭野神社・都農神社・生目神社・江田神社・青島神社等です。これらの多くは大和政権ゆかりの神宮・神社です。邪馬台国を目指す旅でしたが、これらの神宮・神社を訪れることになったのは、邪馬台国と九州にあった大和政権の前身が重なるからだと思います。今回本書を出版することができたのは、各神宮・神社の神様のおかげだと感謝しています。

宮崎県立の阿波岐原森林公園市民の森の中にある天照大神の生誕地、阿波岐原みそぎ池を訪問したのは八月平日の午前中でした。他に訪問者はおらず、小さな森に囲まれた神秘的な池の周りを十分に散策することができました。すごいパワーをいただいたと感じています。ここは日本最高の聖地でパワースポットです。

仏陀の生誕地、ネパールのルンビニもキリストの生誕地、ベツレヘムもムハンマドの生誕地、メッカもそれぞれの宗教で聖地とされ、多くの人々が訪れています。ルンビニもベツレヘムも世界遺産になっています。日本神道の最高神、天照大神の生誕地が聖地としてあまり知られていないのは不思議に思います。政教分離の建前もあり、宮崎県も市もあまり宣伝できないのでしょう。近年、伊勢神宮を参拝する人は増えているそうですが、機会があれば阿波岐原みそぎ池をぜひ訪問していただきたいと思います。また同時に、宮崎神宮と生目古墳群の訪問もお勧めします。残念ながら現在、生目一号墳は森に囲まれて立ち入りも制限され、墳丘の外観を見ることができません。この古墳の本格的な発掘調査が行われることを期待しています。

今回、邪馬台国が宮崎市である科学的証拠を発見することができましたので、本書を上奏することにしました。客観的事実を記載して、それに合理的な解釈を加えました。邪馬台国が宮崎市にあった蓋然性を示すことができたと考えていますが、完全に証明されてはいません。今後、発掘等の科学的証拠に基づいて証明されることを期待します。

本書は安本美典先生の邪馬台国の人名と地名の読み方の素晴らしいご研究によって成り立っています。安本美典先生に心から感謝ならびに御礼申し上げます。

この本を世に送り出すことをご快諾いただき、数々のご支援をいただいた株式会社ビジネス社の唐津隆社長に心から厚く御礼申し上げます。

唐津から宮崎までの視察旅行に同行いただき、ほとんど車の運転をしていただいた友人の小玉陽一氏に御礼申し上げます。

令和三年五月

土田　章夫

# 参考文献


えびの市教育委員会 2012『えびの市埋蔵文化財調査報告書 53：島内地下式横穴墓群 4』えびの市教育委員会

大崎町教育委員会 2016『大崎町教育委員会発掘調査報告書 9：横瀬古墳』大崎町教育委員会

鹿児島県肝属郡東串良町教育委員会 2017『東串良町埋蔵文化財発掘調査報告書 6：唐仁古墳群 33』鹿児島県肝属郡東串良町教育委員会

公益財団法人鹿児島県文化振興財団埋蔵文化財調査センター 2017『立小野堀遺跡　1』公益財団法人鹿児島県文化振興財団埋蔵文化財調査センター発掘調査報告書 16

延岡市教育委員会 1996『延岡市文化財調査報告書 16：市内遺跡詳細分布調査報告書』延岡市教育委員会

東串良町教育委員会 1996『東串良町埋蔵文化財発掘調査報告書 5：唐仁古墳群 2　堀込城跡 2』東串良町教育委員会

宮崎県えびの市教育委員会 2001『えびの市埋蔵文化財調査報告書 29：島内地下式横穴墓群』宮崎県えびの市教育委員会

宮崎県えびの市教育委員会 2009『えびの市埋蔵文化財調査報告書 50：島内地下式横穴墓群 3・岡元遺跡』宮崎県えびの市教育委員会

宮崎県えびの市教育委員会 2010『えびの市埋蔵文化財調査報告書 49：島内地下式横穴墓群 2』宮崎県えびの市教育委員会

宮崎県北諸県郡高城町教育委員会 2005『高城町文化財調査報告書 19：高取原地下式横穴墓』宮崎県北諸県郡高城町教育委員会

宮崎県教育委員会 1993『広域農道沿海南部地区埋蔵文化財発掘調査報告書 1：崩先地下式横穴群』宮崎県教育委員会

宮崎県教育庁文化課 1999『宮崎県文化財調査報告書 42：男狭穂塚女狭穂塚陵墓参考地測量報告書』宮崎県教育委員会

宮崎県教育庁文化財課他 2012『特別史跡西都原古墳群　地中探査・地下マップ制作事業報告書 1』宮崎県教育委員会

宮崎県小林市教育委員会 1990『小林市文化財調査報告書 2：東二原地下式横穴墓群』宮崎県小林市教育委員会

宮崎県東諸県郡綾町教育委員会 2011『綾町埋蔵文化財調査報告書 13：星原地下式横穴墓』宮崎県東諸県郡綾町教育委員会

宮崎県埋蔵文化財センター 2010『宮崎県埋蔵文化財センター発掘調査報告書 191：籾木地下式横穴墓群』宮崎県埋蔵文化財センター

宮崎県立西都原考古博物館 2007『西都原古墳群男狭穂塚女狭穂塚陵墓参考地 地中探査事業報告書』宮崎県教育委員会

宮崎市教育委員会 1996『史跡生目古墳群周辺遺跡発掘調査報告書』宮崎市教育委員会

宮崎市教育委員会 1989『宮崎市文化財調査報告書：柿木原地下式横穴墓 56-1 号　江田原第 1 遺跡』宮崎市教育委員会

宮崎市教育委員会 2002『宮崎市文化財調査報告書 52：史跡生目古墳群』宮崎市教育委員会

宮崎市教育委員会 2006『宮崎市文化財調査報告書 61：史跡生目古墳群』宮崎市教育委員会
宮崎市教育委員会 2010『宮崎市文化財調査報告書 80：生目古墳群 1』宮崎市教育委員会
宮崎市教育委員会［編］2010『生目古墳群：生目 5 号墳発掘調査報告書』（宮崎市文化財調査報告書 , 第 80, 91, 96, 98, 108, 113, 122 集）
宮崎市教育委員会 2011『宮崎市文化財調査報告書 85：史跡生目古墳群 8』宮崎市教育委員会
宮崎市教育委員会 2014『宮崎市文化財調査報告書 98：生目古墳群Ⅳ』宮崎市教育委員会
宮崎県西諸県郡高原町教育委員会 1991『高原町文化財調査報告書 1：立切地下式横穴墓群』宮崎県西諸県郡高原町教育委員会
宮崎県東諸県郡高岡町教育委員会 1991『高岡町文化財調査報告書 1：久木野地下式横穴墓』宮崎県東諸県郡高岡町教育委員会
宮崎県文化課 1995『中迫地下式横穴墓群』宮崎県東諸県郡綾町教育委員会
2007『高鍋町埋蔵文化財調査報告書 14：町内遺跡発掘調査報告書』宮崎県児湯郡高鍋町教育委員会　持田遺跡確認調査 2 持田古墳群古墳範囲確認調査 5
2015『宮崎市文化財調査報告書 108：生目古墳群Ⅴ』宮崎市教育委員会
2016『宮崎市文化財調査報告書 113：生目古墳群Ⅵ』宮崎市教育委員会
2018『宮崎市文化財調査報告書 122：生目古墳群Ⅶ』宮崎市教育委員会

小合彬生「邪馬台国その首都と版図」(Third century Yamataikoku. The land and its capital)
小合彬生 2005「邪馬台国地理に対する一考察」(A Civil Engineeri's Geography of Yamataikoku in the Third Century) 土木学会『土木史研究』講演集、Vol.25
西川寿勝 1999「三角縁神獣鏡と卑弥呼の鏡」日本考古学協会『日本考古学』6 巻 8 号
野上道男 2015「魏志倭人伝における倭の地理的定位」(Geographical positioning of Wa (old Japan) In the book of Wei) 日本地学会『日本地学会発表要旨集』

『三国名勝図会』 国立国会図書館デジタルコレクション
1986『角川日本地名大辞典』角川書店
1997『宮崎県の地名』平凡社
石原道博編訳 1985『新訂　魏志倭人伝・後漢書倭伝　宋書倭国伝・隋書倭国伝　中国正史日本伝⑴』 岩波書店
蒲池明弘 2018『邪馬台国は「朱の王国」だった 』文藝春秋
中田力 2012『日本古代史を科学する』PHP 研究所
中田力 2014『科学者が読み解く日本建国史』PHP 研究所
安本美典 1991『卑弥呼は日本語を話したか』PHP 研究所
安本美典 1998『三角縁神獣鏡は卑弥呼の鏡か』廣済堂出版
安本美典 2009『「邪馬台国 = 畿内説」「箸墓 = 卑弥呼の墓説」の虚妄を衝く !』宝島社

梅原猛 2000『天皇家の〝ふるさと〞日向をゆく』新潮社
遠澤葆 2003『魏志倭人伝の航海術と邪馬台国』成山堂書店
小澤一雅 2009『卑弥呼は前方後円墳に葬られたか』雄山閣

# 参考文献

片岡宏二 2011『邪馬台国論争の新視点』雄山閣
北郷泰道 2018『改訂版　西都原古墳群』同成社
古代史シンポジウム 2016「発見・検証 日本の古代」編集委員会（編集）『纒向発見と邪馬台国の全貌』KADOKAWA
産経新聞取材班 2016『神武天皇は確かに存在した』産経新聞出版
清家章 2018『埋葬からみた古墳時代 女性・親族・王権 』吉川弘文館
竹田恒泰 2011『現代語古事記』学研パブリッシング
田島代支宣 2016『九州からの邪馬台国と近畿王国そして日本国の始まり』海鳥社
田中英道 2019『邪馬台国は存在しなかった 』勉誠出版
長野正孝 2015『古代史の謎は「鉄」で解ける』PHP 研究所
長野正孝 2015『古代史の謎は「海路」で解ける』PHP 研究所
長浜浩明 2019『日本の誕生 皇室と日本人のルーツ』ワック
西島定生 2011『邪馬台国と倭国』吉川弘文館
藤井勝彦 2012『邪馬台国　古代日本誕生の謎』新紀元社
藤田憲司 2016『邪馬台国とヤマト王権』えにし書房
古田武彦 2011『俾弥呼』ミネルヴァ書房
前田晴人 2012『卑弥呼と古代天皇』同成社
山田篤美 2013『真珠の世界史』中央公論新社
渡邊義浩 2012『魏志倭人伝の謎を解く』中央公論新社

【著者】
**土田　章夫**（つちだ・あきお）
作家、歴史研究家。日本地理学会会員。1956年兵庫県神戸市生まれ。1980年東京大学農学部農芸化学科卒業後、三菱商事株式会社に入社。佐賀県庁、国立研究開発法人科学技術振興機構に勤務後、文筆業として独立。科学的視点で日本の古代史、古代地理、神宮・神社の研究を行っている。

**邪馬台国は宮崎市にあった！**

2021年8月1日　第1刷発行

著　者　土田章夫
発行者　唐津　隆
発行所　株式会社ビジネス社
〒162－0805　東京都新宿区矢来町114番地　神楽坂高橋ビル5F
電話　03－5227－1602　FAX 03－5227－1603
URL　http://www.business-sha.co.jp/

〈カバーデザイン〉中村聡
〈本文DTP〉岩井峰人
〈印刷・製本〉モリモト印刷株式会社
〈編集担当〉本田朋子　〈営業担当〉山口健志


ISBN978-4-8284-2300-5

ビジネス社の本

# 教科書では絶対教えない偉人たちの日本史

## 日本をつくり、救った28人の日本人

倉山満……著

定価　1760円（税込）

ISBN978-4-8284-2263-3

**《日本とはどういう国か?》**

超人たちの偉業を見よ!

・国の礎を築いた――仁徳天皇
・民の世を切り拓いた武将――平清盛
・日本史上最高の演説政治家――北条政子
・動乱期に登場した超能力者――足利尊氏
・日本の危機を学問で救う――緒方洪庵
・憲政史上最高の総理大臣――桂太郎
・日本を滅亡から救った――昭和天皇

その他全28人

本書の内容